LOS 5 LENGUAJES DEL *amor*®

PARA HOMBRES

Recursos para que una buena relación sea genial

Gary Chapman

con Randy Southern

Unilit

Publicado por
Unilit
Medley, Fl. 33166

© 2016 Editorial Unilit (Spanish translation)
Primera edición 2016

© 2004 por Northfield Publishing.

Originalmente publicado en inglés por Northfield Publishing con el título:
The Five Love Languages: Men's Edition por Gary Chapman.
Todos los derechos reservados.
*(This book was first published in the United States by Northfield Publishing, 820 N. LaSalle Blvd., Chicago, Illinois, 60610 with the title **The Five Love Languages: Men's Edition**, copyright © 1992, 1995, 2004, 2010, 2015 by Gary Chapman. Translated by permission.)*

Porciones de este libro se tomaron o adaptaron de *5 Love Languages: Men's Edition*, © por Gary Chapman, 2010

Reservados todos los derechos. Ninguna porción ni parte de esta obra se puede reproducir, ni guardar en un sistema de almacenamiento de información, ni transmitir en ninguna forma por ningún medio (electrónico, mecánico, de fotocopias, grabación, etc.) sin el permiso previo de los editores.

Traducción: *Dr. Andrés Carrodeguas*
Edición: *Nancy Pineda*
Diseño de la cubierta: *Faceout Studio*
Illustraciones: *©2015 by Nathan Little (nathanlittleart.com)*
Fotografía de la portada: *Boone Rodriguez (boonerodriguez.com)*
Fotografía del autor: *P.S. Photography*

A menos que se indique lo contrario, el texto bíblico se tomó de la Santa Biblia, Nueva Versión Internacional ® NVI®
Propiedad literaria © 1999 por Bíblica, Inc.™
Usado con permiso. Reservados todos los derechos mundialmente.

Producto: 495857
ISBN: 0-7899-2191-X
ISBN: 978-0-7899-2191-8

Impreso en Colombia
Printed in Colombia

Categoría: *Vida cristiana / Vida práctica / Hombres*
Category: *Christian Living / Practical Life / Men*

Dedicado a los cientos de hombres que me contaron sus luchas en su intento por desarrollar un matrimonio exitoso.

Para una guía de estudio en inglés,
gratuita y en línea, visita
5lovelanguages.com

Contenido

Prefacio: ¿Qué hay de nuevo en *Los 5 lenguajes del amor para hombres?*   9
1   ¿Cuántos lenguajes hablas?   13
2   Cómo llegar a hablar con fluidez en las palabras de afirmación   23
    (Primer lenguaje del amor)
3   Cómo llegar a hablar con fluidez en el tiempo de calidad   39
    (Segundo lenguaje del amor)
4   Cómo llegar a hablar con fluidez en los regalos   55
    (Tercer lenguaje del amor)
5   Cómo llegar a hablar con fluidez en los actos de servicio   71
    (Cuarto lenguaje del amor)
6   Cómo llegar a hablar con fluidez en el toque físico   85
    (Quinto lenguaje del amor)
7   ¿Cuáles son los lenguajes que hablas?   99
8   La solución de problemas   111
9   ¿Cómo pueden superar juntos la ira?   125
10   El arte de la disculpa   141
    Preguntas frecuentes   159
    Perfiles de los cinco lenguajes del amor para parejas   179
    Reconocimientos   192

prefacio

¿Qué hay de nuevo en Los 5 lenguajes del amor para hombres?

En un tono menos serio, añadimos algunas nuevas historias divertidas que te ayudarán a comprender tu propio matrimonio, así como ilustraciones del talentoso Nathan Little, a fin de describir los desafíos de la vida real que explora el Dr. Chapman. En cambio, esta versión revisada y actualizada de *Los 5 lenguajes del amor: Edición para hombres* también trata dos nuevas cuestiones que deben abordarse si los lenguajes del amor van a fluir con libertad: lidiar con la ira y ocuparse de las disculpas.

No es fácil aprender a hablar un nuevo lenguaje del amor. Con frecuencia, el método de ensayo y error suele ser la mejor estrategia a nuestro alcance, lo cual puede ser frustrante. Añadamos a esto la vulnerabilidad que procede de tener que salir de nuestra zona de comodidad, y tendrás los componentes necesarios de una situación inflamable. Si nuestros esfuerzos por hablar un lenguaje de amor no están a la altura, o no impresionan a nuestra esposa, quizá nos sintamos tentados a enojarnos.

Y no hay nada de malo en eso. La ira no es pecado. Es una respuesta natural. Sin embargo, lo que hagamos con esa ira es lo que marca toda una diferencia. Si aprendemos a lidiar con nuestra ira de una manera sana, descubriremos que el impacto en nuestra relación es sísmico.

En este mismo sentido, dominar el arte de las disculpas contribuirá en buena medida a la salud de tu matrimonio (y tus demás relaciones) en los años venideros.

Bien hecha, una disculpa puede acabar con las tensiones, los conflictos y los sentimientos heridos que han sido temas delicados durante meses, incluso años. Puede cambiar la forma en que tu esposa piensa de ti; la manera en que te mira. Puede echar abajo barreras más rápido de lo que pueden hacerlo algunas otras palabras o acciones.

Con estos dos nuevos recursos que añadirle a tu mesa de trabajo con el lenguaje del amor, estarás más preparado que nunca para marcar una diferencia en la vida de tu esposa.

RANDY SOUTHERN

1

¿Cuántos lenguajes hablas?

¿Has oído hablar del tipo que sorprendió a su esposa, una «nerda» confesa, en su décimo aniversario con una recepción de bodas con la temática de frikis? Se pasó *año y medio* planificando la fiesta, en la cual presentó las obsesiones de la cultura popular que eran las favoritas de su esposa. Los acompañantes del novio llevaban emblemas de superhéroes debajo de sus esmóquines. Cada una de las capas del pastel de bodas estaba dedicada a una de las películas o uno de los programas de televisión favoritos de la pareja: *Supermán, La Guerra de las Galaxias, Firefly* y *el Dr. Who*, y decorada de acuerdo con su tema. El niño que llevaba los anillos, el hijo de cuatro años de la pareja, llevaba puesta una capa de Supermán. De alguna manera, el hombre se las arregló para mantener todo esto sin que se enterara su esposa, aun cuando participaron todos sus amigos y familiares.

También se dio el caso de otro hombre que, para su primer aniversario con su novia, imprimió la historia de la forma en que se enamoraron en un montón de volantes y los pegó por todas partes en la ciudad de Nueva York. Les pedía a las personas que tomaran fotografías de los volantes y las subieran a Instagram o a Twitter, junto con cierta etiqueta. En cuestión de horas se volvió «viral». La pareja recibió más de mil fotografías, incluyendo algunas que les enviaron celebridades como Matt Lauer.

O tal vez te enteraras del hombre que confeccionó un libro para su esposa en su sexto aniversario. Se pasó un año entero escribiendo trescientas sesenta y cinco cosas que le encantaban de su esposa y después recopilando las páginas en un tomo, junto con fotos de los dos que se tomaron a lo largo de los años.

Las historias de este tipo suelen provocar una de estas dos reacciones en otros esposos. O bien nos quitamos el sombrero ante estos hombres y los felicitamos por su creatividad (y eso, sin mencionar sus quince minutos de fama), o maldecimos su nombre por salirse de lo normal y hacer que los demás parezcamos unos infelices.

He aquí la trampa: **A menos que esos individuos hicieran sus planes teniendo en mente el lenguaje del amor primario de sus esposas, habrían podido lograr los mismos resultados, digamos, dándoles una tarjeta genérica de felicitación y encargando comida de un restaurante chino.**

NO ES LO QUE DICES; ES EL LENGUAJE QUE USAS

Con esto no desprecio la cocina cantonesa (aunque un buen *dim sum* nunca es mala cosa), ni tampoco trato de ir en contra de los hombres que se esfuerzan mucho por impresionar a su esposa. Más bien, es un signo de admiración puesto junto a lo importante que es comprender los lenguajes del amor.

Todo el mundo tiene un lenguaje primario del amor, una manera de expresar dedicación y afecto que nos toca muy adentro, que de vez en cuando nos pone una sonrisa un poco tonta en el rostro, y que no nos deja duda alguna de que nos aman de verdad y de una manera espectacular.

Como es probable que ya dedujeras a partir del título de este libro, existen cinco lenguajes básicos del amor:

1. Palabras de afirmación (capítulo 2)
2. Tiempo de calidad (capítulo 3)
3. Regalos (capítulo 4)
4. Actos de servicio (capítulo 5)
5. Toque físico (capítulo 6)

Uno de ellos es una autopista al corazón de tu esposa. Esto no quiere decir que no responda con cortesía a uno o más de los otros lenguajes, en especial si nota que haces un verdadero esfuerzo. Sin embargo, al fin y al cabo, esos otros cuatro lenguajes del amor le son tan ajenos como lo es el cantonés para la mayoría de los hablantes nativos del español.

Por otra parte, cuando expresas el amor que le tienes a tu esposa utilizando su lenguaje del amor *primario*, es como golpear en el punto ideal con un bate de béisbol o con un palo de golf. Solo te sientes a gusto... y los resultados son impresionantes.

LA ZONA ILÓGICA

La lógica sugiere que los hombres se sientan atraídos por naturaleza hacia las mujeres que compartan su lenguaje primario del amor, que los de tiempos de calidad formen pareja con las de tiempo de calidad, y que los de toques físicos tengan solo ojos para otras de toques físicos; que esas con las que comparten su lenguaje del amor, les comuniquen su afecto con facilidad y libertad, por siempre y para siempre, amén.

¿Desde cuándo la lógica tiene algo que ver con el amor?

Lo cierto es que raras veces las personas se casan con otras personas que comparten su lenguaje primario del amor. Lo que sucede es que los hombres a los que levantan las palabras de afirmación se enamoren de mujeres a quienes levanten los actos de servicio (o tiempo de calidad o regalos). Las mujeres que ante todo experimentan el amor mediante regalos, se sienten atraídas hacia hombres que experimenta el amor a través de tiempo de calidad (o toque físico o actos de servicio).

Y se crea una barrera entre lenguajes.

En las primeras etapas de la relación, cuando la pareja se siente ebria con su enamoramiento, es posible que no se den cuenta de la barrera entre sus lenguajes. Tal vez estén tan ansiosos por complacerse el uno al otro, que hacen cosas que no se ajustan a su personalidad; es decir, hablan un lenguaje del amor que no comprenden. Se pasan toda la noche despiertos, hablando de esperanzas y sueños. Dan largas caminatas, tomados de la mano y caminan con sus brazos alrededor del otro. Intercambian regalos pequeños, pero significativos.

Cualquier preocupación que quizá tengan respecto a sus diferencias la barren con el tsunami del romance y de la pasión. ¿El resultado? Dos personas casadas que hablan y responden a dos lenguajes primarios diferentes del amor.

> Incluso esas pocas parejas que comparten el mismo lenguaje primario del amor descubren que hay una infinidad de «dialectos» diferentes dentro de cada lenguaje. No hay dos personas que compartan el mismo lenguaje y el mismo dialecto. No hay dos personas que expresen y reciban amor justo de la misma manera.

Si lo anterior parece un camino seguro al desastre, piensa en esto: En las sedes de algunas de las franquicias más exitosas de la Liga Nacional de Hockey, las Grandes Ligas de Béisbol y la Liga Inglesa de Primera División, se pueden oír hablar por lo menos tres idiomas diferentes, y es probable que más. Los jugadores de esos equipos *encuentran* maneras de comunicarse. Las personas que tienen por meta sobresalir y triunfar no permiten que la barrera de un idioma se interponga en su camino.

CUANDO SE ACABA LA LUNA DE MIEL

Sin embargo, los obstáculos están allí. A medida que la novedad de la relación desaparece y los niveles de pasión descienden de sus crestas de la luna de miel, la pareja con dos lenguajes se establece en una rutina. Regresan a lo que conocen mejor.

El esposo que habla con actos de servicio se mantiene ocupado, mostrándole a su esposa el amor en su «lengua nativa». Le mantiene su auto limpio y en excelente estado. Le aprieta las arandelas al grifo que gotea. Pinta de nuevo el dormitorio y pone nuevos adornos que se parezcan a los del cuarto que ella vio en HGTV y que le encantó.

Aunque su esposa que habla el lenguaje de tiempo de calidad agradezca las tantas cosas que hace por ella, también añora las largas conversaciones que solían tener cuando eran novios; ese tiempo de concentración y atención que alimenta su alma. Anhela que su esposo le hable en el lenguaje de amor que es el primario de ella. Como resultado, su «tanque del amor», su depósito de sentirse en verdad adorada, valorada y *conocida*... se comienza a vaciar.

La forma en que se vaya desarrollando la acción en el escenario a partir de allí depende de la pareja. Los hay que atribuyen la situación al curso natural del amor y el romance, y se conforman con lo que les quede. Los hay que les echan la culpa a la agitación y las presiones de la vida diaria. Los hay que permiten que sus frustraciones y sus necesidades insatisfechas se infecten y hagan estallar conflictos y acusaciones. Los hay que sufren en silencio, mientras cada uno piensa que algo anda mal en él o ella. También los hay que terminan por convencerse de que cometieron un error al haberse casado.

No hay manera de decir con exactitud lo que va a suceder cuando el tanque del amor de una persona esté vacío.

DONDE HAY RETOS, HAY OPORTUNIDADES

En cierta ocasión, alguien dijo que la locura consiste en hacer la misma cosa una y otra vez, y esperar resultados diferentes. Si esto es cierto, significa que la manera que tienen muchos cónyuges de enfocar la superación de su barrera del lenguaje es una verdadera locura. Redoblan sus esfuerzos en su propio lenguaje del amor, tratando una y otra vez de abrirse paso hasta su cónyuge de la única manera que conocen. En otras palabras, trabajan más duro en lugar de trabajar con mayor inteligencia. Cargan a su cónyuge con la responsabilidad de traducir sus acciones al lenguaje que pueda entender.

> **Las buenas intenciones no bastan para hacer bien el trabajo.**

No importa que tu corazón se halle en el lugar correcto, ni que te estés esforzando tanto como te sea posible, ni tampoco que haya otras mujeres que se sentirían dichosas de tener un esposo como tú. No le vas a poder llenar el tanque del amor a tu esposa si no usas su lenguaje primario en el amor.

La forma de crear una
floreciente
apasionada
imprevisible
impresionante
y transformadora
relación con tu esposa es aprender a dominar su lenguaje primario del amor, a fin de aceptar el reto de volverte bilingüe. Lo bueno que tiene todo esto es que el proceso no es ni con mucho tan complicado como el de aprender un verdadero lenguaje. No tienes que preocuparte por conjugar verbos ni usar tiempos verbales apropiados.

El reto de adquirir fluidez en otro lenguaje del amor podría compararse mejor con el perfeccionamiento de un *swing* de golf.

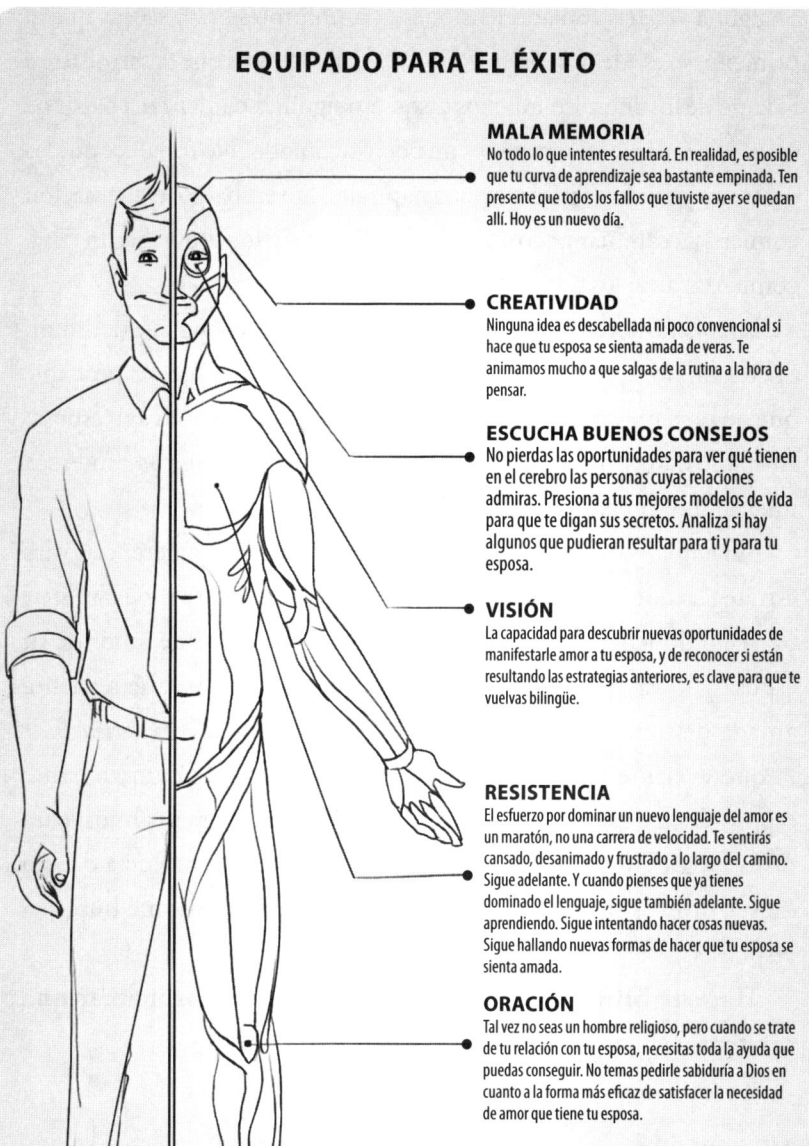

EQUIPADO PARA EL ÉXITO

MALA MEMORIA
No todo lo que intentes resultará. En realidad, es posible que tu curva de aprendizaje sea bastante empinada. Ten presente que todos los fallos que tuviste ayer se quedan allí. Hoy es un nuevo día.

CREATIVIDAD
Ninguna idea es descabellada ni poco convencional si hace que tu esposa se sienta amada de veras. Te animamos mucho a que salgas de la rutina a la hora de pensar.

ESCUCHA BUENOS CONSEJOS
No pierdas las oportunidades para ver qué tienen en el cerebro las personas cuyas relaciones admiras. Presiona a tus mejores modelos de vida para que te digan sus secretos. Analiza si hay algunos que pudieran resultar para ti y para tu esposa.

VISIÓN
La capacidad para descubrir nuevas oportunidades de manifestarle amor a tu esposa, y de reconocer si están resultando las estrategias anteriores, es clave para que te vuelvas bilingüe.

RESISTENCIA
El esfuerzo por dominar un nuevo lenguaje del amor es un maratón, no una carrera de velocidad. Te sentirás cansado, desanimado y frustrado a lo largo del camino. Sigue adelante. Y cuando pienses que ya tienes dominado el lenguaje, sigue también adelante. Sigue aprendiendo. Sigue intentando hacer cosas nuevas. Sigue hallando nuevas formas de hacer que tu esposa se sienta amada.

ORACIÓN
Tal vez no seas un hombre religioso, pero cuando se trate de tu relación con tu esposa, necesitas toda la ayuda que puedas conseguir. No temas pedirle sabiduría a Dios en cuanto a la forma más eficaz de satisfacer la necesidad de amor que tiene tu esposa.

MANTENTE FIRME
No hay nada más importante que tu relación con tu esposa. La protección y el perfeccionamiento de esa relación es tu trabajo número uno. Mantente firme en esa mentalidad, y te prepararás de una forma excelente para obtener el triunfo al final.

Si alguna vez has tomado lecciones con un profesional, sabrás que el primer paso es «desaprender» todos los malos hábitos que desarrollaste a lo largo de los años. En muchos casos, eso significa comenzar a partir de cero. Al principio, el proceso es un poco incómodo. No te parece que las cosas vayan bien. Te parecen poco naturales. Sin embargo, esa sensación comienza a cambiar poco a poco. Con las repeticiones que hagan falta, comienzas a ver los resultados positivos.

Lo mismo sucede en el aprendizaje de un nuevo lenguaje del amor. Si eres un hombre que tiende hacia los actos de servicio, es probable que no te sientas cómodo cuando le des tiempo de calidad a tu esposa. Al menos, al principio. Es probable que sientas que tus esfuerzos iniciales no son naturales, sino forzados.

Sin embargo, con una actitud adecuada, y con las sugerencias y las estrategias que bosquejamos en las páginas siguientes, *vas a dominar* un segundo lenguaje del amor. *Vas a llenar* el tanque de amor de tu esposa y lo vas a mantener siempre lleno. *Vas a hacer* que se sienta amada de una forma exclusiva y espectacular. *Vas a experimentar* lo que se siente cuando se domina el juego, no solo como amante esposo de tu esposa, sino también como ejemplo para tus hijos; para otros jóvenes que no ven el ejemplo de esa clase de conducta dentro de sus propias familias, y también para otros esposos que busquen respuestas.

Hacerte bilingüe en los lenguajes del amor es marcar una diferencia en las vidas de otras personas.

Cómo llegar a hablar con fluidez en las palabras de afirmación

(PRIMER LENGUAJE DEL AMOR)

El rey Salomón, uno de los escritores de la antigua literatura hebrea de sabiduría, dijo lo siguiente: «En la lengua hay poder de vida y muerte».

Quizá nos digamos que cuando Salomón acuñó esta frase imponía las cosas un poco más fuertes de la cuenta. No obstante, si alguna vez has recibido de algún jefe una revisión de tu trabajo que ha sido excepcionalmente buena, sabes cómo es que la lengua le puede añadir un poco de vida a tus pasos. De igual manera, si un entrenador te come vivo en las líneas de banda, sabes lo que es morir mil muertes frente a una multitud de tu ciudad.

Las palabras pueden pegar fuerte.

Si hay algo que nos enseñaran las películas, es que **las palabras debidas, dichas en el momento oportuno y por la persona indicada, pueden inspirar a la gente para que haga lo más inesperado, lo improbable y, en algunos casos, lo casi imposible.**

Piensa en *Rocky II*, cuando Adrian, desde su cama en el hospital, dice: «Hay una cosa que quiero que hagas por mí: gana. Gana».

Piensa en *Rudy*, cuando la patada verbal que le propina Fortune («Eres metro y medio de nada, varios kilos de nada. Tienes un mínimo de habilidad atlética. ¡Pudiste mantenerte con el mejor equipo de fútbol colegial del mundo por dos años! [...] En la vida, no tienes que probar nada a nadie, ¡más que a ti mismo!») detiene a Rudy cuando va a renunciar al equipo.

Piensa en *Hoosiers*, cuando el corto discurso inspirador del entrenador Dale («Olvídense de la multitud, del tamaño de la escuela, de sus elegantes uniformes, y recuerden qué los trajo aquí... Si ponen su esfuerzo y su concentración en jugar al nivel de su potencial, a ser los mejores que pueden ser, a mí no me importa lo que diga el marcador al final del juego. ¡Según mi libro, nosotros vamos a ser los ganadores!») prepara el escenario para la mayor derrota sorpresiva en la historia del baloncesto en Indiana.

Este potencial para el bien (el poder del lenguaje para inspirar, animar y levantar) es el que hace que las palabras de afirmación sean una herramienta tan vital en tu banco de trabajo matrimonial.

APORTA UN COMENTARIO FAVORABLE

Mark Twain dijo en una ocasión: «Puedo vivir durante dos meses con un buen cumplido». Dichas como un verdadero hombre de palabras de afirmación. Su confesión llega hasta el corazón mismo de este lenguaje del amor. Para alguien cuya manera primaria de recibir amor sean palabras de afirmación, los elogios y el estímulo no son solo gestos de bondad ni técnicas de conversación corteses.

Son alimento.

Esa persona no solo escucha esto:

«¡Bien hecho!».

«¡Estás increíble con ese vestido!».

«¡Esa es mi mujer!».

También escucha esto:

«Tú eres valiosa».

«Te amo».

«Tú marcas la diferencia».

El *verdadero* poder de las palabras se encuentra en su capacidad para llenarles el tanque del amor a las personas. Si el lenguaje primario del amor de tu esposa es palabras de afirmación, ese poder está en la punta de tus dedos; o de manera más concreta, en la punta de tu lengua. La forma en que te sientas respecto a ejercer ese poder dependerá de tu propio lenguaje primario del amor. Si eres el «tipo adusto y silencioso», un tipo que casi siempre prefiere dejar que sus acciones hablen por él, aprender a comunicarse a través de palabras de afirmación quizá resulte ser un desafío. Aun así, repito, si fueras la clase de hombre que se rinde ante un desafío, en especial en lo que respecta al amor de tu vida, lo más probable es que no estés leyendo este libro.

Tú puedes llegar a dominar las palabras de afirmación. He aquí unas cuantas sugerencias para que comiences.

LA ADULACIÓN NO TE LLEVARÁ A NINGUNA PARTE

Lo primero es lo primero: la adulación no es un dialecto de las palabras de afirmación en el lenguaje del amor. A los oídos sin entrenamiento, las dos quizá *parezcan* similares, pero hay varias diferencias claras, e importantes, entre ambas. Mientras más pronto reconozcas esas diferencias, es probable que cometas menos errores de principiante cuando te esfuerces por dominar las palabras de afirmación.

La adulación es el lenguaje de la manipulación. Tiene una agenda. Su objetivo final es obtener algo de la persona que adula, o que valoren al adulador de una forma positiva.

La adulación es el recurso de las sabandijas de bar («Oye, nena, qué bien te ves. ¿Quieres bailar?») y de los adulones («Jefe, hoy se le ve especialmente en buena forma. ¿Ha estado haciendo ejercicios?»). Mientras más expongas a la adulación a tu esposa, mejor la reconocerá, y desestimará. A la adulación le falta el ingrediente clave de una afirmación significativa: sinceridad. **Para que tus palabras marquen la diferencia en la vida de tu esposa, tienes que *creer* lo que le dices.** A diferencia de la adulación superficial, las palabras de afirmación son profundas. Brotan de un conocimiento íntimo de la persona a la que afirmamos; en este caso, tu esposa. A diferencia de la adulación, las palabras de afirmación no levantan sospechas ni ponen a la persona en guardia. Las palabras de afirmación no se enfrentarán con una postura defensiva ni se desestimarán poniendo los ojos en blanco.

Palabras de afirmación ≠ adulación.

DEJA LAS BROMAS A UN LADO

Los hombres que se sienten cómodos sobre todo con la afirmación verbal, quizá se sientan tentados a caer en el humor para aliviar tensiones.

Resístete a esa tentación.

Lo que alivia tu incomodidad, también podría causar sin intención un cierto dolor en la persona a la que tratas de afirmar. El problema es que muchas personas que se sienten en especial inspiradas o conmovidas por las palabras de afirmación, también son susceptibles en especial a sentirse heridas con palabras poco amorosas, y se usen con sarcasmo, insultos y elogios fingidos. He aquí algunos ejemplos:

- «No fue la *peor* comida que he tenido».
- «Al menos, hay que darte puntos por intentarlo».
- «No está mal... para una mujer de treinta y cinco años».

Ese tipo de elogios poco considerados y ambiguos puede hacer más daño del que te imaginas... y causar más sufrimiento del que tu esposa podría reconocer.

«Fue solo una broma» es una defensa bastante débil por lanzarle polvo verbal en la cara a alguien hambriento de palabras de afirmación.

LOS SENTIDOS TRABAJAN HORAS EXTRAS

La comunicación del amor a través de palabras de afirmación implica más que la boca; también implica tus ojos, tus oídos, tu memoria, tu imaginación, etc. A fin de llegar a dominar bien este lenguaje del amor, tienes que desarrollar un extenso conocimiento, y apreciación, de las muchas cosas que hace tu esposa. Con el propósito de desarrollar esa apreciación, tienes que observarla. Con cautela, préstales atención a las cosas que hace, las que dice, la forma en que interactúa con otras personas, los trabajos ingratos que acomete y las formas en que hace mejor la vida para ti y los demás.

Mantén una lista de tus observaciones en tu teléfono o tableta. Toma la decisión de añadir algo a la lista cada día, ya sea grande o pequeño.

Tu lista podría incluir cosas como las siguientes:

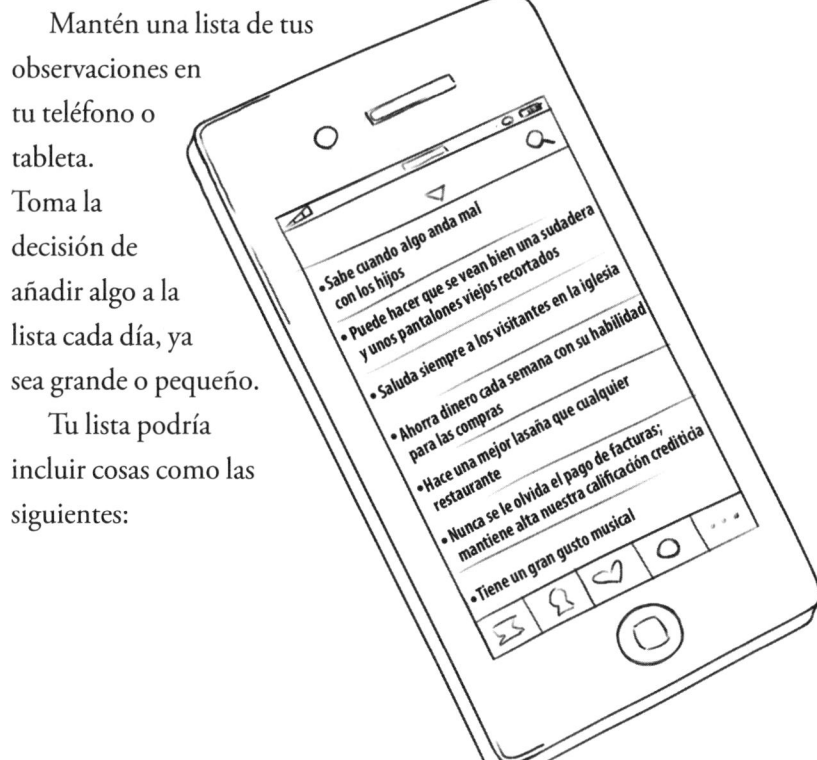

- Sabe cuando algo anda mal con los hijos
- Puede hacer que se vean bien una sudadera y unos pantalones viejos recortados
- Saluda siempre a los visitantes en la iglesia
- Ahorra dinero cada semana con su habilidad para las compras
- Hace una mejor lasaña que cualquier restaurante
- Nunca se le olvida el pago de facturas; mantiene alta nuestra calificación crediticia
- Tiene un gran gusto musical

Después que le hagas un elogio o palabras de afirmación basados en un punto de tu lista, bórralo. Esto te ayudará a mantener una provisión nueva y constante de palabras de afirmación que podrás usar.

USA LO QUE DICE LA GENTE

¿Qué es mejor? ¿Que alguien te salude después de un juego de entrenamiento y te diga: «Buen juego», o entrar caminando al gimnasio y que alguien te señale y diga: «Me enteré que este hombre sí que sabe jugar»?

En ambos casos, te elogiaron. Sin embargo, en el segundo se manifiesta algo de fama y notoriedad, lo cual solo endulza el elogio.

El hecho de descubrir lo que dice la gente de ti (cosas buenas, claro) hace que cualquier día sea mejor. Con eso en mente, busca maneras de enviarle a tu esposa palabras de afirmación «a través de lo que dice la gente». Habla bien de ella con otros cuando ella no está. Haz públicos sus logros y habilidades. Ayuda a los demás a reconocer lo increíble que es ella. (Por supuesto, todo con moderación. Trata de tener el cuidado de no convertirte en «ese tipo» que evita la gente porque se cansa de oírlo hablar de su esposa prácticamente perfecta).

No serás capaz de controlar qué palabras de afirmación llegarán a oídos de tu esposa. Sin embargo, puedes dirigir tus comentarios a la gente que con más probabilidad lo contarán todo: tus hijos, otros familiares, sus amigos mutuos, los compañeros de trabajo de ella y cualquiera que pase mucho tiempo a su lado.

No escondas de tus conocidos la admiración, la gratitud y el respeto que sientes por tu esposa.

En este mismo sentido, las palabras de afirmación que digas en público pueden hacer mucho para llenar el tanque de amor de tu esposa. Busca oportunidades para hablar bien de ella cuando los dos estén con amigos o conocidos. Durante una salida a cenar con compañeros de trabajo, podrías decir algo así: «Creo que el tiramisú estaba bastante bueno, pero si hubiera podido tener mi postre favorito en el mundo entero, habría escogido la tarta de melocotón de mi esposa».

Una lección que nunca olvidarán
¿Quieres darles un ejemplo poderoso y duradero a tus hijos? Háblales de lo maravillosa que es su mamá. Sé específico, genuino y generoso con tus elogios. No dejes ninguna duda en cuanto a lo bendecido que eres por ser su esposo.

Si se hace bien, tus palabras pueden inspirar a tus hijos varones a atesorar afirmaciones similares sobre sus esposas cuando se casen... e inspirar a tus hijas a buscar esposos que hagan lo mismo por ellas.

DONDE A MENUDO SE ESCUCHAN PALABRAS DE ALIENTO

Algunas de las mejores oportunidades en la vida implican riesgos: la posibilidad muy real del rechazo, de la vergüenza o del fracaso. Hay que ser muy valiente para tirar los dados y enfrentar las posibles consecuencias. Los que deciden ir tras esas oportunidades suelen enfrentarse a no pocos desalentadores: personas que tienden a ser aguafiestas y que alegan que esas cosas no se pueden hacer o no se deben intentar. Estos promotores del pesimismo pueden ser bastante persuasivos, en especial si no hay nadie que contrarreste su influencia.

Aquí entra el esposo alentador.

Es posible que tu esposa tenga un potencial sin explotar en uno o más aspectos de la vida. Quizá ese potencial esté a la espera de que le digas unas palabras de aliento. Tal vez necesite matricularse en un curso para desarrollar ese potencial. Es posible que necesite conocer personas que tuvieran éxito en ese aspecto y puedan orientarla sobre el siguiente paso que necesita dar. Tal vez tus palabras le den a tu esposa el valor necesario para dar ese primer paso.

Seamos claros: *No* te estoy hablando de que presiones a tu esposa para que haga algo que *tú* quieres. Te estoy hablando de darle aliento para que desarrolle un interés que ya tiene ella. Es posible que algún esposo bienintencionado se sienta tentado a presionar a su esposa para que busque un trabajo más lucrativo. Quizá piense que la está animando, pero a menos que sea eso lo que también quiere ella, sus palabras le parecerán más bien una condenación. Si ella tiene el deseo y la motivación necesarios para buscar un puesto mejor, las palabras de su esposo la alentarán para lograr algo que ya quiere. Si no es así, sus palabras se verán como una crítica y la harán sentir culpable. No expresarán amor, sino rechazo.

En cambio, si ella dice: «¿Sabes? He estado pensando en comenzar también un negocio de cáterin», le estará dando la oportunidad de darle palabras de aliento («Si te decides a hacerlo, te puedo decir algo: tendrás éxito. Esa es una de las cosas que me encantan de ti. Cuando te propones algo, lo logras. Si eso es lo que quieres hacer, puedes estar segura de que haré todo lo posible por ayudarte»). Quizá tales palabras le den el valor necesario para comenzar a hacer una lista de clientes potenciales.

El estímulo requiere empatía: ver el mundo desde la perspectiva de tu esposa. Primero, debemos aprender lo que es importante para nuestra esposa. Solo entonces podremos dar aliento. Con nuestro apoyo verbal, le estaremos tratando de comunicar: «Lo sé. Me interesa. Estoy contigo. ¿Cómo te puedo ayudar?». Le tratamos de mostrar que creemos en ella y en sus capacidades. Le damos crédito y la elogiamos.

Casi todos nosotros tenemos más potencial del que llegaremos a desarrollar alguna vez en la vida. Muchas veces, lo que nos detiene es la falta de valor. Un cónyuge amoroso nos puede proporcionar ese catalizador de tanta importancia.

LA FORMA EN QUE DICES LAS COSAS

Para llegar a hablar con fluidez las palabras de afirmación, necesitamos más que un simple dominio de lo que son los elogios y el aliento. También comprende la comunicación de estas cosas con un tono y en una actitud que sean inconfundiblemente amorosos. ¿Cómo parecen este tono y esta actitud? Bueno, para comenzar... «El amor es bondadoso». Eso no es algo cursi de tarjeta de felicitación. La bondad es algo esencial para unas relaciones sanas. **Hablarle con bondad a tu esposa significa asegurarte de que tus palabras y el tono estén en línea.** Parece algo sencillo, pero puede ser un desafío para muchos hombres. Desde una edad temprana, se nos condiciona a blandir las palabras como armas. El sarcasmo nos viene con facilidad. Usamos las burlas con buenos modales (y a veces con no tan buenos modales) para intercambiar saludos. Si estamos en el punto de salida en el golf con un amigo y competidor que acaba de lanzar su pelota mucho más lejos de lo que debería, nos tenemos que morder la lengua para no decirle algo como: «¡Buena jugada, Tigre!».

Como mencionamos antes, lo que les puede parecer una observación con buenos modales para algunas personas, puede producir un efecto muy diferente en alguien cuya forma primaria de recibir amor sea a través de una comunicación genuina y sincera. A esa persona, estas tácticas le parecerían cualquier cosa menos bondadosas.

Es de suma importancia mantener el tono adecuado cuando te sientes molesto o enojado. El que gruñas diciendo: «Me encantaría lavar los platos esta noche», con un tono que destila sarcasmo, no se recibirá como una expresión de amor, por muy limpias que dejes las sartenes. En cambio, si decimos algo tan directo como: «Me sentí desilusionado y ofendido cuando vi que no te ofrecías a ayudarme esta noche», dicho de una manera bondadosa y sincera, puede ser una expresión de amor.

Con tu tono y tu actitud, le dices a tu esposa que quieres que te conozca. Das pasos para crear intimidad al expresarle tus sentimientos. Le pides una oportunidad para hablar de algo que te ofendió, a fin de hallar sanidad. Esas mismas palabras, dichas con dureza y en voz alta, no se recibirán como expresión de amor, sino como expresión de condenación y juicio.

Mientras más caliente se ponga la situación, mayor es el impacto que tendrá la bondad. Cuando tu esposa esté enojada, alterada y lanzándote palabras destinadas a provocarte, trata de responderle con una voz suave y serena. Interioriza todo lo que te trata de decir acerca de sus emociones y sentimientos. Permite que te hable de lo dolida que está, de su enojo y de la manera en que percibe los hechos. Haz un gran esfuerzo por ponerte en sus zapatos y ver la situación a través de sus ojos. Expresa con suavidad y bondad tu manera de entender la razón por la que ella se siente así. Si le hiciste algún daño, demuestra que estás dispuesto a confesárselo y pedirle perdón. Si tu motivación es diferente a la que percibe ella, explícale con bondad tu verdadera motivación. **Tu meta debe ser la de lograr comprensión y reconciliación; no demostrar que tú eres el que tiene la razón o la superioridad.**

Otro principio entra en juego cuando nos esforzamos por dominar el dialecto de bondad de las palabras de afirmación. Dicho con sencillez, el amor no lleva la cuenta de las cosas mal hechas; no saca a relucir los fallos del pasado.

Advertencia de destripe: Ninguno de nosotros es perfecto.

En el matrimonio, no siempre hacemos lo bueno ni lo mejor. Algunas veces le decimos cosas hirientes a nuestra esposa. El pasado no lo podemos borrar. Solo lo podemos confesar y aceptar que fue algo indebido. Podemos pedir perdón y tratar de actuar diferente en el futuro. Después de disculparme y pedir perdón, puedo preguntar si hay alguna otra cosa que podría hacer para mitigar el sufrimiento que quizá le causara a mi esposa. Cuando mi esposa es la que me hizo daño, y en medio de su pena me pidió disculpas y perdón, puedo escoger entre la justicia o el perdón. Si escojo la justicia y trato de devolverle el golpe, o hacerla pagar por lo que hizo mal, me volveré el juez y la trataré como la delincuente. La intimidad se vuelve imposible. En cambio, si escojo el perdón, podemos restaurar la intimidad. El perdón es el camino del amor.

Me asombra cómo muchas personas echan a perder cada nuevo día con el ayer. Insisten en traer a colación hoy los fallos de ayer. Al hacerlo, contaminan un día que es maravilloso en potencia. «No puedo creer lo que hiciste. No creo que lo olvide jamás. Es imposible que te des cuenta de lo mucho que me heriste. No sé cómo te puedes quedar allí sentada tan cómoda después que me trataste de esa manera. Te deberías estar arrastrando de rodillas para pedirme perdón. No sé si alguna vez te podré perdonar». Esas palabras no son de amor, sino de amargura, resentimiento y venganza. Lo mejor que podemos hacer con los fallos del pasado, es dejarlos que sean historia. Sí, pasaron. De seguro que hirieron. Y puede que hieran todavía, pero ella ya reconoció su fallo y te pidió perdón. No podemos borrar el pasado, pero podemos aceptarlo como historia. Podemos tomar la decisión de vivir el día de hoy libres de los fallos del ayer.

El perdón no es un sentimiento; es un compromiso. Es la decisión de mostrar misericordia, de no echarle en cara sus ofensas al ofensor. El perdón es una expresión de amor. «Te amo. Me intereso por ti, y decido perdonarte. A pesar de que mi sentimiento de dolor puede persistir, no voy a permitir que lo que pasó se interponga entre nosotros. Espero que podamos aprender de esta experiencia. Tú no eres una fracasada porque fallaste. Eres mi esposa, y juntos saldremos de esto». Esas son palabras de afirmación expresadas en el dialecto de la bondad.

UN POCO DE HUMILDAD VA MUY LEJOS

El dialecto definitivo de las palabras de afirmación que veremos en este capítulo es el de la humildad. El amor hace peticiones, no demandas. Cuando le exijo cosas a mi esposa, me vuelvo el padre y ella en la hija. Sin embargo, en el matrimonio somos compañeros adultos e iguales. No somos perfectos, por supuesto, pero somos adultos y somos compañeros. Si vamos a desarrollar una relación íntima, necesitamos saber los deseos de cada uno. Si queremos amarnos el uno al otro, tenemos que saber lo que quiere la otra persona.

No obstante, la forma en que expresamos esos deseos es de suma importancia. Si se interpretan como exigencias, borraremos la posibilidad de intimidad y alejaremos a nuestra esposa. En cambio, si le damos a conocer nuestras necesidades y nuestros deseos bajo la forma de una petición, la estaremos orientando, en lugar de darle un ultimátum. El esposo que dice: «¿Podrías hacer ese plato de pasta tan bueno una de estas noches?», está orientando a su esposa en cuanto a la manera de amarlo y, por lo tanto, crea intimidad. Por otra parte, el esposo que dice: «¿Alguna vez podremos tener una cena decente en este lugar?», manifiesta una conducta de adolescente al presentar una exigencia. Lo más probable es que su esposa le responda de inmediato: «¡Si no te gusta lo que hago, cocina tú!».

Cuando le haces una petición a tu esposa, demuestras que estás seguro de lo que vale ella y de sus habilidades. Le indicas que tiene, o puede hacer, algo que para ti es significativo y vale la pena. Cuando haces exigencias, dejas de ser amante para convertirte en tirano. Tu esposa no se sentirá afirmada; se sentirá menospreciada.

La petición introduce el elemento de la decisión. Tu esposa puede escoger entre responder a tu petición o negártela, porque el amor siempre es una decisión. Eso es lo que lo convierte en algo significativo. Saber que mi esposa me ama lo suficiente para responder de manera positiva a una de mis peticiones es algo que me comunica emocionalmente que yo le importo, que me respeta, me admira y quiere hacer algo para complacerme. No nos es posible conseguir un amor emocional por el camino de las exigencias. A decir verdad, es posible que mi esposa satisfaga mis exigencias, pero sus acciones no serán una expresión de amor. La petición crea la posibilidad de una expresión de amor; la exigencia asfixia esa posibilidad.

Mientras más integres estos puntos esenciales de las palabras de afirmación en tu interacción diaria con tu esposa, más fluidez adquirirás… y más cambios positivos vas a ver que se producen en la relación entre ustedes dos.

LIBRO DE FRASES SOBRE PALABRAS DE AFIRMACIÓN

Con dedicación y práctica, puedes llegar a dominar las palabras de afirmación. A lo largo del camino, es posible que necesites algo de ayuda; ideas que uses cuando no seas capaz de expresarte con tus propias palabras. He aquí algunas sugerencias para una ocasión de este tipo.

- No solo digas: «Te ves bien». Di: «Ese color se te ve muy bien» o «Me gusta tu pelo de esa manera». Esta semana, **elogia un rasgo físico diferente** cada día.

- **Créate el hábito de mencionar algo concreto que observaste** y que tiene que ver con la persona que es ella. Ejemplos: «Te quería decir que me encantó de veras la forma en que le hablaste a esa anciana después del culto en la iglesia». O bien: «Me gusta pasear contigo. Tú siempre señalas cosas interesantes».

- Inicia conversaciones para alentarla a que te exprese sus sueños internos y sus anhelos. **Comienza una campaña de afirmación verbal a fin de inspirarle el valor** para dar los pasos necesarios para hacer realidad esos sueños.

- Añade tus propias observaciones que puedan **ayudar a tu esposa a identificar sus habilidades y sus puntos fuertes.** Por ejemplo: «Nunca te he oído expresar interés por la enseñanza, pero por la forma en que manejas a nuestros hijos, me parece que serías una maestra estupenda».

- Si eres artístico, **confecciona un cartel o grabado con el nombre de ella en el centro** y rodeado por palabras, frases y nombres descriptivos especiales que tienes para ella. Si no eres tan artístico, usa revistas y periódicos viejos para cortar y pegar mensajes de afirmación para ella que parezcan puestos al azar.

- **Confecciona una lista de canciones para tu esposa.** Tú puedes ser el disyóquey, explicándole por qué incluiste cada canción.

- **Envíale un alentador mensaje electrónico,** en particular si sabes que podría estar pasando un día duro. Ponle un enlace con una página web divertida.

- Piensa en cada discusión o problema reciente que tuvieron los dos y **trata de aclarar las cosas.**

- Aprende cómo **decir «Te amo», u otras expresiones de afirmación, en un lenguaje diferente.**

- **Dale las gracias por algo que ella hace por rutina,** y es probable que ni siquiera espere que la elogies por eso.

Cómo llegar a hablar con fluidez en el tiempo de calidad

(Segundo lenguaje del amor)

El tiempo puede que sea o no el bien más preciado que poseemos. (Si estás en apuros para pagar tu hipoteca o tratas de descubrir cómo pagar la universidad, es probable que puedas presentar un caso muy sólido en favor del dinero). Sin embargo, el tiempo es único entre nuestros activos.

Cada día, todas las personas que respiran en esta tierra recibe la misma cantidad de tiempo: 24 horas, 1.440 minutos o 86.000 segundos, según la forma en que lo prefieras.

Al final de cada día, se agota el tiempo que se le concede a cada uno. No es posible pasar el tiempo para el día siguiente ni acumularlo. Cuando se acaba, se acaba.

El tiempo no se puede robar ni transferir a otra cuenta. No es posible monopolizarlo en el mercado. Los ricos no se pueden hacer más ricos en lo que respecta al tiempo. Es imposible jugarse, piratear o falsificar su sistema.

No se puede intercambiar ni devolver el tiempo.

El tiempo es muy limitado, aunque sus exigencias son una locura. Piensa en las cosas que compiten para acaparar tu tiempo:

Tu trabajo.

Tus exigencias y oportunidades de horas extras.

Tus idas y venidas.

Tus ejercicios diarios.

Tus responsabilidades como amigo, vecino, miembro de la iglesia y ciudadano comprometido.

Tus aficiones y pasatiempos.

Las necesidades de sueño y relajamiento de tu cuerpo.

Son muchas las opciones y es muy poco el tiempo para explorarlas todas.

Nadie comprende mejor esa verdad que una persona cuyo lenguaje primario del amor sea tiempo de calidad.

Si estás casado con una mujer que habla por naturaleza tiempos de calidad, te deberías sentir al menos un poco halagado. Tu esposa no anda buscando palabras de afirmación, ni regalos, ni actos de servicio. Solo te quiere a ti. Experimentará amor y afecto, sentirá que de veras te interesas por ella, solo por compartir un poco de tu valioso tiempo. Media hora aquí, una hora allá, o un fin de semana de vez en cuando bastan para mantenerle lleno su tanque de amor.

Siempre y cuando sea el tipo adecuado de tiempo.

EL TIPO ADECUADO DE TIEMPO

La calidad es la clave. Decir que algo es «de calidad» significa establecer un elevado estándar. Un mecánico que hace un trabajo de calidad no anda con prisas en un trabajo de frenos. No se distrae mientras reconstruye un carburador. No se da por vencido y se larga cuando no puede localizar de inmediato un traqueteo en el sistema de escape.

Alguien que hace un trabajo de calidad camina la segunda milla, se mantiene centrado en la tarea que tiene por delante y no se rinde cuando las cosas no van bien.

Y lo mismo sucede en cuanto a pasar tiempo de calidad con tu esposa. Cuando lo des, asegúrate de que le das lo mejor que tienes. Esta es la forma.

ENFOQUE PROFUNDO

La clave para adquirir fluidez en el lenguaje del amor de tiempos de calidad consiste en establecer la mentalidad adecuada. Y la clave para establecer la mentalidad adecuada está en enfocar tu atención.

Algunos esposos y esposas piensan que pasan juntos un tiempo, cuando en realidad solo viven en medio de una proximidad. Están en la misma casa a la vez, pero no están juntos. El esposo que está mandando mensajes de texto mientras su esposa trata de hablar con él, no le da a ella un tiempo de calidad porque no le presta toda su atención.

Eso no quiere decir que el tiempo de calidad signifique que pasen los momentos que están juntos mirándose a los ojos. Significa hacer algo juntos y prestarse una atención total el uno al otro. La actividad a la que se dediquen ambos no es lo más importante. Lo importante de verdad desde el punto de vista emocional es que pasan un tiempo en el que se ambos se enfocan, cada uno en la compañía del otro. La actividad es un vehículo que crea la sensación de unidad.

Cuando un esposo y una esposa juegan juntos al tenis, si se trata de un tiempo de calidad genuino, no se enfocarán en el juego, sino en el hecho de que pasan juntos ese tiempo. Lo que suceda al nivel emocional es lo que importa. Pasar juntos un tiempo haciendo algo en común les comunica a ambos que se interesan entre sí, que disfrutan por estar juntos y que les gusta hacer las cosas el uno con el otro.

PON LA CALIDAD EN LA CONVERSACIÓN

Al igual que las palabras de afirmación, el lenguaje del tiempo de calidad tiene muchos dialectos. Uno de los dialectos más comunes es la conversación de calidad; es decir, un diálogo genuino en el que expresan experiencias, pensamientos, sentimientos y deseos en un contexto amistoso y sin interrupciones. Entablar una conversación de calidad equivale a decir

- «Me enfocaré en tratar de descubrirte»;
- «Escucharé de manera solidaria lo que tengas que decir»;
- «Te haré preguntas, no para atormentarte, sino con un verdadero deseo de comprenderte».

La mayoría de las personas que se quejan de que sus cónyuges no hablan, no significa literalmente que nunca digan una sola palabra. Lo que quieren decir es que son raras las veces en que su cónyuge participa en un diálogo comprensivo. Si el lenguaje primario del amor de tu esposa es el de tiempo de calidad, esa clase de diálogo tendrá una importancia crucial para su sensación emocional de ser amada.

Conocí a Patrick cuando tenía cuarenta y tres años y llevaba diecisiete años de casado. Lo recuerdo porque sus primeras palabras fueron muy dramáticas. Se sentó en el sillón de cuero de mi oficina, y después de una breve presentación, se inclinó hacia mí y me dijo con gran emoción:

—Doctor Chapman, fui un tonto, un verdadero tonto.

—¿Qué lo llevó a esa conclusión? —le pregunté.

—Llevo diecisiete años de casado —me dijo—, y mi esposa me acaba de dejar. Ahora me doy cuenta de lo tonto que fui.

Entonces, le hice de otra manera mi pregunta original.

—¿En qué sentido fue un tonto?

—Mi esposa llegaba del trabajo a la casa y me hablaba de los problemas que había en su oficina —me explicó—. La escuchaba y después le decía lo que me parecía que debía hacer. Siempre le daba algún consejo. Le decía que se tenía que enfrentar al problema. "Los problemas no desaparecen solos. Hay que hablar con la gente involucrada o con el supervisor. Hay que resolver los problemas". Al día siguiente, volvía del trabajo a la casa y me contaba los mismos problemas. Yo le preguntaba si hizo lo que le sugerí que hiciera el día anterior. Ella movía la cabeza para decirme que no. Así que le repetía mi consejo. Le decía que esa era la manera de enfrentarse a la situación. Entonces, al día siguiente volvía a casa y me hablaba de los mismos problemas. Yo le volvía a preguntar si hizo lo que le sugerí. Ella movía la cabeza para decirme que no.

»Después de tres o cuatro noches de lo mismo, me enojaba. Le decía que no esperara comprensión alguna de mi parte si no estaba dispuesta a recibir el consejo que le daba. Ella no tenía por qué vivir bajo esa clase de estrés y de presiones. Podía resolver el problema con solo hacer lo que le dije. Me dolía verla vivir bajo tanto estrés porque sabía que no tenía por qué hacerlo. A la siguiente vez que sacaba a relucir el problema, le decía: "No te quiero oír hablar de eso. Ya te dije lo que tienes que hacer. Si no vas a escuchar mi consejo, no quiero oír hablar del tema".

»Yo me aislaba y seguía haciendo mis cosas. Ahora me doy cuenta de que ella no quería consejo cuando me hablaba acerca de sus luchas en el trabajo. Lo que quería era comprensión. Quería que la escuchara, que le prestara atención, que le dijera que yo podía comprender su sufrimiento, su estrés, sus presiones. Quería saber que la amaba y que estaba a su lado. No quería consejo; solo quería saber que yo entendía lo que pasaba. Sin embargo, nunca traté de entenderlo. Estaba demasiado ocupado dándole consejos. Y ahora, se marchó.

»¿Por qué no es uno capaz de ver estas cosas cuando le pasan? —preguntó—. Yo estaba ciego en cuanto a lo que sucedía. Ahora vengo a comprender de qué manera le fallé.

La esposa de Patrick le estuvo suplicando que tuvieran una conversación de calidad. En lo emocional, añoraba que enfocara su atención en ella al escuchar sus sufrimientos y frustraciones. Patrick no se enfocaba en escuchar, sino en hablar. Solo escuchaba lo suficiente como para oír el problema y formular una solución. No escuchaba el tiempo suficiente, ni con la atención necesaria, para oír que ella clamaba por apoyo y comprensión.

¿Alguien quiere tirar la primera piedra?

Lo cierto es que muchos somos como Patrick. Estamos entrenados para analizar los problemas y crearles soluciones. Perdemos de vista el hecho de que el matrimonio es una relación; no un proyecto que se deba terminar, ni un problema que se deba resolver. Las relaciones piden que escuchemos con comprensión, a fin de entender los pensamientos, sentimientos

y deseos de la otra persona. Tal vez demos algún consejo, pero solo cuando nos lo pidan, y nunca con aires de superioridad. Casi todos carecemos de la suficiente preparación en cuanto a saber escuchar. Somos mucho más expertos en los artes de pensar y hablar. Esa falta de preparación te será difícil de esconder si el lenguaje primario de tu esposa en el amor es el tiempo de calidad y su dialecto es la conversación de calidad. Por fortuna, escuchar es una habilidad que se puede adquirir con bastante rapidez, aunque hagan falta años para dominarla de verdad. Aquí tienes algunas sugerencias prácticas para que comiences.

1. **Mantén el contacto visual con tu esposa cuando te esté hablando.** Eso impide que tu mente se distraiga y comunica que ella tiene toda tu atención.

2. **No escuches a tu esposa y hagas otra cosa al mismo tiempo.** Recuerda, el tiempo de calidad es darle a alguien tu atención completa. Si estás haciendo algo de lo que no te puedes

distraer de inmediato, dile la verdad a tu esposa. El enfoque positivo podría ser el siguiente: «Sé que estás tratando de hablarme, y estoy interesado, pero te quiero dar toda mi atención. No lo puedo hacer ahora mismo, pero si me das diez minutos para acabar esto, me sentaré a escucharte». La mayoría de las esposas respetan una petición de este tipo.

3. **Escucha sus sentimientos.** Pregúntate: «¿Cuál es la emoción que está sintiendo mi esposa?». Cuando creas que tienes la respuesta, confírmala. Por ejemplo: «Me da la impresión de que te estás sintiendo desilusionada porque a mí se me olvidó _____». Eso le da a ella la oportunidad de aclarar sus sentimientos. También le comunica que estás escuchando de veras lo que te está diciendo.

4. **Observa el lenguaje corporal.** Los puños cerrados, las manos temblorosas, las lágrimas, el ceño fruncido y los movimientos

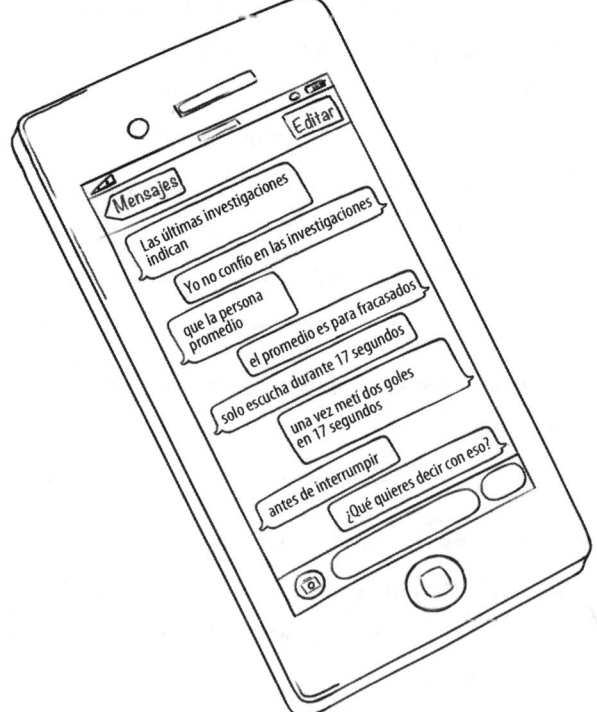

de los ojos te podrían dar una indicación sobre lo que ella está sintiendo. Algunas veces, el lenguaje corporal presenta un mensaje mientras que las palabras presentan otro. Pídele una aclaración para estar seguro de que sabes lo que ella está pensando y sintiendo en realidad.

5. **Niégate a interrumpirla.** Si le dedicas toda tu atención a tu esposa mientras habla, necesitas abstenerte de defenderte, de lanzarle acusaciones o de señalar dogmáticamente cuál es tu posición. Tu meta será descubrir los pensamientos y los sentimientos de tu esposa.

ÁBRETE

Las conversaciones de calidad no solo requieren que escuchemos de manera comprensiva, sino también que nos revelemos a nosotros mismos. Cuando una esposa dice: «Quisiera que mi esposo hablara. Nunca sé lo que está pensando ni sintiendo», suplica intimidad. Se quiere sentir cercana a su esposo, ¿pero cómo se puede sentir cercana a alguien que es un misterio silencioso? Para que se sienta amada, él tiene que aprender a revelarse a sí mismo. Si el lenguaje primario de ella en el amor es el tiempo de calidad y su dialecto es la conversación de calidad, su tanque emocional del amor nunca estará lleno mientras él no le comunique sus pensamientos y sentimientos.

Piénsalo en función de un juego de tenis. Si una persona es la que lo hace todo, el resultado es un punto directo tras otro. ¿Puede haber algo más aburrido, o menos comprometido, para ambos jugadores? En cambio, si el segundo jugador comienza a *devolver* al que sirve, hay juego. De una parte a otra. Cada uno de ustedes recibe lo que el otro le ofrece, y después se lo envía, dándole su propio giro. Antes que te des cuenta, te encontrarás en medio de unos cuantos voleos largos y satisfactorios.

Solo que las conversaciones de calidad no son tan fáciles como devolverle al que sirve en el tenis.

La revelación propia es un reto para muchos hombres. Algunos adultos crecieron en hogares donde se desalentaba la expresión de sus pensamientos y sentimientos. Pedir un juguete equivalía a recibir un sermón sobre el triste estado de las finanzas familiares. El niño se iba, sintiéndose culpable por tener ese deseo, y pronto aprendía que era mejor no expresar lo que deseaba. Cuando expresaba ira, los padres reaccionaban con palabras duras y condenatorias. Por lo tanto, el niño aprendía que no era apropiado expresar sentimientos de enojo. Si al niño se le hacía sentir culpable por expresar desilusión, digamos, porque no se le permitía ir a la tienda con su padre, aprende a guardarse dentro su desilusión. Para cuando llegamos a la adultez, muchos de nosotros hemos aprendido a negar nuestros sentimientos. Ya no estamos en contacto con nuestro yo emocional.

Una esposa le dice a su esposo: «¿Cómo te sentiste por lo que hizo Steve?». El esposo le responde: «Creo que estaba equivocado. Habría debido...». Sin embargo, no le dice cuáles son sus sentimientos. Le expresa sus pensamientos. Tal vez tenga razón para sentirse enojado, herido o desilusionado, pero ha vivido tanto tiempo en el mundo del pensamiento que ya no reconoce sus sentimientos. Si eso te describe, te digo que aprender el lenguaje de las conversaciones de calidad te será como aprender un idioma extranjero. La forma de comenzar es ponerte en contacto con tus sentimientos; llegar a ser consciente de que eres una criatura con emociones, a pesar de haber negado la existencia de esa parte de tu vida.

Un gran primer paso es el de seguirles el rastro a las emociones que sientes cuando no estás en tu casa. Lleva contigo un pequeño cuaderno. Tres veces al día, pregúntate: «¿Qué emociones sentí en las últimas tres horas?». Hazte preguntas concretas: «¿Qué sentí cuando iba al trabajo y el auto que iba detrás de mí iba pegado a mi parachoques? ¿Qué sentí cuando me detuve en la gasolinera y la bomba automática no se cerró, y cubrió el costado de mi auto con gasolina? ¿Qué sentí cuando llegué a la oficina y descubrí que el proyecto en el que trabajaba había que terminarlo en tres días cuando pensaba que disponía de otras dos semanas?».

Escribe tus sentimientos en el cuaderno y una o dos palabras que te ayuden a recordar el suceso correspondiente a ese sentimiento. Tu lista quizá se parezca a esta:

Suceso	Sentimientos
Auto de atrás pegado al mío	Enojo
Gasolinera	Muy enfadado
Proyecto a terminar en tres días	Frustrado y ansioso

Haz ese ejercicio tres veces al día y comenzarás a desarrollar conciencia de tu naturaleza emocional. Usando tu cuaderno, comunícale brevemente a tu esposa tus emociones (y los sucesos que las motivaron) tantos días como te sea posible. En unas semanas, te sentirás cómodo expresándole tus emociones. A la larga, te sentirás cómodo analizando tus emociones hacia tu esposa, tus hijos y los sucesos que ocurren en tu hogar. Recuerda: las emociones en sí no son ni buenas ni malas. Solo son nuestras respuestas psicológicas ante los sucesos de la vida.

ACTIVIDADES DE CALIDAD

Otro dialecto del tiempo de calidad es el de actividades de calidad. En un reciente seminario para matrimonios, les pedí a las parejas que terminaran la frase siguiente: «Cuando más amado(a) me siento por mi esposo/esposa es cuando _____». Esta es la respuesta que dio un esposo de veintinueve años de edad que había estado casado durante ocho años.

> *Me siento más amado por mi esposa cuando juntos hacemos cosas, cosas que me gusta hacer a mí y cosas que le gusta hacer a ella. Hablamos más. Es algo así como si fuéramos novios de nuevo.*

Esa es una respuesta típica de una persona cuyo lenguaje primario del amor es tiempo de calidad. En lo que insiste es en estar juntos, hacer cosas el uno con el otro y prestarse mutuamente una atención total.

Entre las actividades de calidad podría estar cualquier cosa en la que uno de ustedes, o los dos, tenga interés. Lo importante no es lo que hacen, sino *por qué* lo hacen. El propósito es que juntos experimenten algo, en hacer que tu esposa se marche de esa experiencia pensando: *Él me quiere. Estuvo dispuesto a hacer conmigo algo que disfruto, y lo hizo con una actitud positiva.* Eso es amor, y para algunas personas es la expresión más alta del amor.

Las actividades de calidad pueden incluir cosas como plantar un jardín, visitar los campos de batalla de la Guerra Civil, asistir a un concierto, entrenarse para una carrera de cinco kilómetros o invitar a otra pareja a comer pizza y compartir juegos de mesa. Las posibilidades solo se limitan por sus intereses y su disposición a probar nuevas experiencias. Estos son los aspectos esenciales de una actividad de calidad:

Al menos uno de ustedes quiere hacerla.

El otro está dispuesto a hacerla.

Ambos saben *por qué* la hacen; es decir, expresarse amor por estar juntos.

Uno de los subproductos de las actividades de calidad es que proporcionan un banco de recuerdos del cual se extrae en los años venideros. Llegarán a ser una de esas parejas que recuerdan una caminata a lo largo de la costa una mañana temprano, la primavera en la que plantaron el jardín, la vez que tocaron la hiedra venenosa cazando un conejo por el bosque, la noche en que asistieron juntos al primer juego de pelota de las grandes ligas, el viaje para esquiar que tuvieron que acortar por una fractura en un pie que uno de los dos sufrió en la cabaña, los parques de diversiones, los conciertos, las catedrales y la maravilla de poderse parar debajo de la cascada después de caminar tres kilómetros. Esos son recuerdos de amor, en especial para la persona cuyo lenguaje primario en el amor es tiempo de calidad.

El tiempo de calidad se paga solo en los recuerdos.

¿Dónde encuentran tiempo para tales actividades, en especial si los dos tienen que trabajar fuera del hogar? El tiempo se *hace*, al igual que se hace para almorzar y cenar. ¿Por qué? Porque es algo tan esencial para su matrimonio como las comidas lo son a su salud. ¿Es difícil? ¿Exige una cuidadosa planificación? Sí. ¿Significa eso que tendrás que renunciar a algunas actividades individuales? Tal vez. ¿Significa que harás algunas cosas que no disfrutas en lo particular? Por supuesto. ¿Vale la pena? Sin duda alguna. ¿Qué te va a aprovechar todo esto? El placer de vivir con una esposa que se siente amada y de saber que aprendiste a hablar con fluidez su lenguaje del amor.

LIBRO DE FRASES SOBRE TIEMPO DE CALIDAD

¡Felicidades por aprender a hablar el lenguaje en el amor del tiempo de calidad! De seguro que no se puede esperar que nadie domine de la noche a la mañana una nueva forma de comunicación. Para esos momentos cuando no te vengan las ideas apropiadas, aquí tienes algunas para considerar.

- Respeta las tendencias de «madrugadora» o «trasnochadora» de tu esposa. **Planifica tus tiempos de calidad de acuerdo al horario de ella**. Prepara tu despertador para que suene temprano o toma café para quedarte hasta tarde... lo que sea para que ella sienta que su tiempo juntos es especial.

- **Sacrifica algo que te gusta a fin de crear un tiempo para compartir con ella**: renuncia a un juego de golf un sábado por la mañana, deja la liga de baloncesto de la iglesia por una temporada, omite algún compromiso de negocios que no sea esencial. Al hacer esto, enviarás un poderoso mensaje de que ella te importa más que esas cosas.

- **Hagan listas de «Nuestros mejores diez momentos juntos como pareja».** Cuando las terminen, comparen sus listas para ver cuántos de sus recuerdos favoritos coinciden.

- Muchos hombres necesitan «desaprender» la falta de atención. **Si se te hace difícil dedicar toda tu atención a una sola cosa, practica al escuchar** a tus hijos cuando se sienten con muchas ganas de conversar, presta gran atención al sermón del domingo desde el principio hasta el fin o escucha música sin permitirle distracciones a tu mente.

- Algunas parejas están juntas mucho más tiempo que otras. Si ese es el caso de ustedes, no traten de hacer que todos los momentos que estén juntos sean «tiempos de calidad». **Designen tiempos y lugares concretos para estar juntos de una manera planificada.**

- Si tu esposa es la que suele estar corta de tiempo, tal vez tú puedas **hacer de vez en cuando una (o más) de sus tareas caseras que más tema y le consuman más tiempo.** Paga las facturas, haz los mandados, acuesta a los niños... y libérala para tener tiempo de calidad.

- **Encuentra una actividad que te agrade hacer y que complemente algo que disfruta tu esposa,** de manera que puedan pasar más tiempo juntos. Si a ella le gusta ir al gimnasio y a ti te gustan los juegos de computadora, tendrán poco tiempo de calidad juntos. En cambio, si estás dispuesto a ir con ella al gimnasio o a hacer algo nuevo que pueden hacer juntos, como el juego *geocache* para encontrar tesoros o la cocina *gourmet*, le añadirán una nueva dimensión a su relación.

- Si son una pareja que pasó más allá de la etapa de recién casados, es probable que mucho de su tiempo, y conversación, se centre en la mecánica de la vida: ¿Cuándo el perro va al veterinario? ¿Dónde está el espray para limpiar las ventanas? ¿Cuánto hay que pagar por un nuevo triturador de desechos? Traten de supervisar sus conversaciones, a fin de **asegurarse que su lista de quehaceres no absorba todo su tiempo ni toda su conversación.**

- **Sorpréndela con dos entradas para una película** que sabes que le va a gustar. Después, llévala a cenar y pídele que te diga lo que le pareció la película.

- Si tienen el hábito de orar como pareja, añadan un poco más de tiempo adicional para mantenerse unidos. **Mientras pasan un tiempo de calidad con Dios, pasen un tiempo de calidad el uno con el otro.**

- Si sus horarios lo permiten, busquen oportunidades para tomarse un «día nevado» o un «día de vacaciones de verano». **Olvídense de lo que tenían planificado y hagan algo, lo que sea, espontáneo.**

- **Túrnense en escoger los libros que leen.** Señalen las páginas o los capítulos que leerán solos, cada uno en su propio tiempo, y después comenten el contenido durante el tiempo de calidad que pasen juntos. O lean en voz alta el uno para el otro.

- Los viajes en auto tienden a favorecer las conversaciones entre las parejas, así que **hagan un viaje largo.** Podrían viajar hasta su restaurante favorito que está a dos o tres horas de distancia, almorzar y regresar a su casa.

- Si se les acaban las cosas que decir, **aprendan a disfrutar juntos del silencio.** Preparen un cronómetro y acuerden no decir nada mientras observan una puesta de sol o caminan por el bosque.

- De todas formas, tienen que hacer las tareas, ¿entonces por qué no convertirlas en un tiempo para una conversación de calidad? **Compartan tareas como la limpieza de la casa, y conversen** mientras quitan el polvo, limpian el piso y guardan las cosas.

Cómo llegar a hablar con fluidez en los regalos

(Tercer lenguaje del amor)

Erik pasó un año en la «zona de amistad» de Kelsey antes que aceptara salir con él. Puesto que ambos eran grandes fanáticos del béisbol, Erik la llevó en su primera cita a un juego de los Indios de Indianápolis. El estadio de los Indios en las ligas menores les permite a los fanáticos que se sienten en colinas sobre la hierba, en lugar de sentarse en las gradas del campo. Erik y Kelsey estaban disfrutando de una merienda campestre detrás de la cerca del jardín izquierdo cuando el jugador de primera base de los Indios lanzó una curva que iba dirigida hacia ellos. Erik dio un impresionante salto y atrapó la pelota con la mano desnuda. Era la primera vez que atrapaba un jonrón.

Dos días más tarde, Kelsey encontró un paquete envuelto en papel de regalo fuera de su cuarto en el dormitorio de la universidad. Lo abrió y encontró una pelota de béisbol en una pequeña caja plástica de exhibición, de la clase que usan los coleccionistas. Dentro de la caja había un comprobante de entrada al juego pegado con cinta adhesiva. Escrita en la pelota estaba la fecha del juego y estas palabras:

Primer jonrón que atrapo
Segunda cosa buena que me pasó ese día

Al cabo de dos años de su primera cita, Erik y Kelsey se casaron. Hoy en día, unos quince años más tarde, esa pelota de béisbol, todavía en su caja de exhibición, se halla en el tocador de Kelsey en su habitación, donde ella lo puede ver cada día. Hace poco, una de sus amigas le preguntó cuál de sus posesiones recogería primero si su casa estuviera ardiendo. ¿La respuesta de Kelsey?

«La pelota de béisbol que me dio Erik».

Es posible que en una venta de garaje se pueda conseguir esa pelota en su caja por un dólar, o tal vez un dólar y medio. Sin embargo, Kelsey no estaría dispuesta a desprenderse de ella ni por mil veces esa cantidad.

He aquí el poder de un regalo bien pensado.

EL CARRETÓN Y EL CABALLO

Si el lenguaje primario de Kelsey en el amor hubiera sido palabras de afirmación, tiempo de calidad, actos de servicio o toque físico, es posible que hubiera recibido el regalo de Erik con una mirada perdida o con un poco entusiasta «gracias». Sin embargo, Erik apostó a que su lenguaje era el de los regalos y salió gran ganador.

Kelsey se sintió abrumada por el hecho de que él renunciara a su pelota de jonrón, escribiera una nota llena de sentimiento, comenzara a conmemorar la fecha de su primera salida como pareja y empacara todo eso de una manera tal que permaneciera visible y protegido. Todo para ella.

El hecho de que Erik pudiera hablar su lenguaje del amor tan temprano en su relación, le dio a Kelsey la esperanza de que fuera el Escogido. Al final, tuvo razón.

No todo el mundo aprende el lenguaje con tanta rapidez como Erik. No obstante, repito, no todo el mundo se siente tan motivado a dominar ese lenguaje como lo estaba él.

De los cinco lenguajes del amor, el de los regalos es el que con mayor probabilidad hace fruncir el ceño a más de uno. En algunos círculos, el establecimiento de algún tipo de conexión entre el amor y los regalos basta para inspirar susurros sobre el materialismo, los intereses materiales o cosas peores. Por eso es importante que insistamos desde el principio en cuanto a cuál es el carretón (los regalos) y cuál es el caballo (el amor).

El amor es el que impulsa al esposo a aprender el lenguaje primario de su esposa en el amor. Su meta es manifestarle su amor de una forma que ella aprenda y agradezca. Para ser claros: el amor entre ellos ya está presente. Él no está tratando de «ganarse» el afecto de su esposa al comprarle regalos costosos. Está expresando lo que tiene en el corazón de la manera en que ella experimenta el amor con la mayor intensidad.

Asimismo, una persona cuyo lenguaje primario en el amor sea el de los regalos, no tiene que ser forzosamente materialista. **Su meta no es reunir toda una colección de cosas valiosas, sino rodearse de cosas que le recuerden el afecto de la persona amada.** El precio y el valor de los regalos son algo incidental para ella. Cuando se trata del lenguaje de los regalos en el amor, de seguro que lo que cuenta es el pensamiento.

EXPRESIONES PALPABLES

La conexión entre el amor y los regalos tiene unas raíces más profundas de las que creen casi todas las personas. ¿Qué edad tenías la primera vez que recogiste una flor silvestre y se la llevaste de regalo a tu madre como una forma de decirle: «Te amo»? ¿Cuántas baratijas creaste para tus padres en un campamento, en la Escuela Dominical o en tu clase de arte?

Los instintos están presentes. Controlar y perfeccionar esas inclinaciones naturales es la clave para llegar a dominar el lenguaje en el amor en los regalos.

La ocurrencia que encantó a tus padres hace ya tantos años (y tal vez todavía les encante) es algo fuerte en las personas cuyo lenguaje primario en el amor es el de los regalos. Un regalo es algo que podrán tener en sus manos mientras dicen: «Mira, él estaba pensando en mí». Ese es su atractivo. **Tienes que *pensar* en alguien antes de darle un regalo. El regalo en sí mismo es un símbolo de ese pensamiento.** No importa si cuesta dinero o no. Lo que importa es que pensaste en ella, que te tomaste el tiempo necesario para pensar en lo que la podría hacer feliz y después lo conseguiste.

> **Narra historias**
>
> ¿Le quieres añadir algo extra a tu regalo? Ponle una historia. Una cosa es un osito de peluche con un cartel que diga: «YO [UN CORAZÓN] a Virginia Occidental», y otra muy distinta es un osito de peluche con un cartel, pero comprado en una tienda de regalos que se encuentra en la misma cuadra donde estuvo hace muchos años la casa de la bisabuela de tu esposa, detalle que tú sabes porque hiciste un poco de investigación genealógica antes de dar el viaje.
>
> Por supuesto, no todas las historias tienen que ser tan extraordinarias, ni exigir tanto esfuerzo. Muy bien puede bastar con un sencillo «Te oí decir que querías probar algo nuevo en la cocina, así que te traje un libro de cocina cajún de Luisiana» o «Hice un CD con todas las canciones nuevas que has estado cantando últimamente».
>
> Una combinación eficaz de historia con regalo es lo que le da a tu esposa alguna idea sobre la forma en que funciona tu mente cuando piensas en ella.

Los regalos son símbolos visuales del amor. La importancia de tales símbolos se puede perder en hablantes no nativos del lenguaje en el amor de los regalos. La diferencia entre la mentalidad de las personas nativas y no nativas puede verse en las actitudes de la gente hacia el

símbolo visual más común del amor en nuestra cultura: el anillo de bodas. La mayoría de las ceremonias de bodas incluyen la entrega mutua de los anillos. La persona que celebra la ceremonia dice algo como esto: «Estos anillos son señales exteriores y visibles de un lazo interior y espiritual que une sus dos corazones en un amor que no tendrá fin». No son simples palabras de retórica carentes de sentido. Son palabras que le dan poder al símbolo visual de la unión, sobre todo en lo que respecta a los hablantes nativos de los regalos.

Por eso algunas personas nunca se quitan su anillo después de la boda. Si el lenguaje primario del amor de tu esposa es el de los regalos, pero no el tuyo, es probable que ella use su anillo con mayor frecuencia que tú y también que se pase mayor tiempo pensando en él. Es de esperar que le dé un gran valor a su anillo, y que lo use con un inmenso orgullo, porque *tú* se lo diste como símbolo perdurable de tu amor. También es probable que la conmovieran otros regalos que le hiciste a lo largo de los años. Los ve como expresiones de tu amor.

LO QUE ESTO SIGNIFICA PARA TI

Vamos a llevar esta idea un paso más allá: *sin* **regalos como símbolos visuales, quizá tu esposa cuestione tu amor.**

Para algunos de ustedes, esa última oración disparó la alarma en sus cabezas. O el *clin-clin* de una caja registradora. Tal vez hasta fueras a comprobar en seguida si este capítulo lo patrocina *Hallmark*, *ProFlowers* o *Kay Jewelers*.

Así que repitamos la idea presentada antes: hablando en términos generales, el impacto causado por un regalo no tiene nada que ver con su precio ni valor.

Los regalos estupendos vienen en todos los tamaños, colores y formas. Algunos son costosos y otros son gratuitos. Si el lenguaje primario de tu esposa es el de los regalos, **el costo de ese obsequio solo tendrá importancia para ella si se halla muy por encima de lo que te puedes permitir... o lo que te gastas en ti mismo o en otras personas.**

Si tu esposa critica y menosprecia siempre los regalos que le haces, quizá necesites reevaluar la situación. Es casi seguro que los regalos no sean su lenguaje primario del amor.

Si vives en una comunidad con acceso a un campo de golf a través de una verja y te das el lujo de tener un auto nuevo cada año, no puedes llegar a tu hogar todas las semanas con regalos que te encontraste en una tienda de objetos de a dólar, y esperar que le manifiesten amor y afecto genuinos a tu esposa. En cambio, si las finanzas de tu familia son muy limitadas, un regalo bien escogido en una tienda de a dólar le puede hablar de amor como si te hubiera costado un millón de dólares.

Los regalos se pueden comprar, encontrar o hacer. Si ves una pluma de ave interesante mientras corres para hacer ejercicio y se la llevas a tu esposa a la casa... ¿sabes una cosa? Le darás una expresión de tu amor. Una tarjeta de felicitación de cinco dólares que te llame la atención y exprese tus sentimientos podría ser un regalo ideal. Si tu presupuesto no te permite el gasto de cinco dólares, una tarjeta diseñada y escrita por ti en un papel de computadora podría ser un obsequio igualmente ideal.

¿Qué podría ser más sencillo?

AHORRADORES Y GASTADORES

Aun así, no todo el mundo está convencido de que los regalos sean una forma significativa que hablen de amor. Hay quienes tratan de hacer pasar su renuencia como si fuera «sabiduría» financiera.

Cada uno de nosotros tiene sus ideas personales sobre la razón de ser del dinero, y también sus emociones particulares asociadas al hecho de gastarlo. Hay quienes están más orientados al gasto. Se sienten bien consigo mismos cuando usan dinero para comprar cosas que necesitan... o que quieren. Otros están orientados al ahorro y la inversión. Se sienten bien consigo mismos cuando retienen su dinero y lo hacen trabajar para ellos mismos al invertirlo con sabiduría.

Si eres gastador por naturaleza, es probable que no te sea difícil comprarle regalos a tu esposa. En cambio, si eres ahorrador, tal vez sientas cierta resistencia intelectual o emocional ante la idea. Al fin y al cabo, si no compras cosas para ti mismo, ¿por qué deberías comprarle cosas a tu esposa?

Esa manera de pensar tiene tanto sentido desde el punto de vista económico que te puede resultar difícil ver lo emocionalmente distorsionado que es. Lo cierto es que **si eres ahorrador, tú *estás* (en cierto sentido) comprando cosas para ti. Al retener tu dinero, estás** «**comprando**» **autoestima y seguridad.** Estás usando tus posesiones para cuidar de tus propias necesidades emocionales.

Lo que *no* estás haciendo es satisfacer las necesidades emocionales de tu esposa.

Si el lenguaje primario de tu esposa en el amor es el de los regalos, debes reconocer que comprarle regalos es el mejor plan a largo plazo que puedes tener en tu portafolio. Estás invirtiendo en tu relación y llenándole el tanque emocional del amor a tu esposa. Con un tanque de amor repleto, lo más probable es que ella te corresponda con amor emocional en un lenguaje que *tú* vas a entender. Eso es lo que se conoce como beneficio mutuo.

Cuando se satisfacen las necesidades emocionales de ambas personas, su matrimonio toma una dimensión nueva por completo. Invertir en el amor a tu esposa es invertir en las más sólidas de las inversiones de primer orden.

El regalo perfecto

No desperdiciaríamos un recuadro para sugerir algo tan obvio como la compra de joyas para tu esposa. No obstante, te sugeriremos que explores una rama del árbol de los regalos de joyería que muchas veces se pasa por alto: las pulseras de dijes y los collares.

El desembolso inicial para la pulsera o el collar en sí, tal vez te parezca algo elevado, pero considéralo como una inversión. Los propios dijes son los que hacen del paquete un regalo ideal. Son bastante baratos, ofrecen diversas opciones y te permiten personalizar tu regalo una y otra vez.

Después, digamos, de un inolvidable viaje a Miami, puedes comprar un dije que representa el estado de Florida. Después de jugar juntos softbol de parejas en la liga de la iglesia, le puedes comprar un dije que tenga un bate y una pelota.

Con el tiempo, la pulsera de dijes o el collar contarán la historia de su relación... con gran deleite de tu esposa.

EL REGALO DE TI MISMO

En algunos dialectos de los regalos, descubrirás que hay un presente intangible que a veces habla más fuerte que un regalo que puede llevarse en la mano. Lo llamo el regalo de ti mismo o el regalo de tu presencia. Estar presente cuando tu esposa te necesita es algo que le habla muy fuerte a una mujer cuyo lenguaje primario en el amor es el de los regalos. Sonia me dijo en una ocasión:

—El amor de mi esposo por el softbol es mayor que el amor que me tiene a mí.

—¿Y por qué dices eso? —le pregunté.

—El día que nació nuestro bebé, él se fue a jugar softbol. Yo me pasé toda la tarde en el hospital tirada en una cama mientras él jugaba softbol —me respondió.

—¿Estaba presente cuando nació el bebé?

—Se quedó hasta que nació el bebé, pero se marchó diez minutos más tarde. Fue terrible. Ese momento era muy importante en nuestras vidas. Yo quería que lo compartiéramos juntos. Quería que Tony estuviera allí conmigo.

Ese «bebé» tiene ya quince años, y Sonia me narraba ese suceso con toda la emoción que lo habría hecho si las cosas hubieran pasado ayer mismo. Quise ahondar aún más.

—¿Has basado en esa única experiencia tu conclusión de que Tony ama más el softbol que a ti?

—No —me dijo—. El día del funeral de mi madre, también jugó softbol.

—¿Y asistió al funeral?

—Sí, fue. Asistió al funeral, pero en cuanto terminó todo, se marchó para ir a jugar. Yo no lo podía creer. Mis hermanos y hermanas volvieron conmigo a la casa, pero mi esposo estaba jugando al softbol. Más tarde, le pregunté a Tony acerca de esos dos sucesos. Sabía con exactitud de lo que le estaba hablando.

— Sabía que lo iba a sacar —me dijo—. Estuve todo el tiempo durante el parto y cuando nació el bebé. Tomé fotos; estaba muy feliz. Estaba tan feliz que apenas podía esperar para mostrarles las fotos a mis amigos del equipo, pero el encanto se rompió cuando regresé al hospital esa noche. Ella estaba furiosa conmigo. No podía creer lo que me decía. Pensaba que estaría orgullosa de mí por contárselo al equipo.

»¿Y cuando murió su madre? Es probable que no le contara que pedí una semana en el trabajo antes de que muriera y me pasé toda la semana en el hospital y en la casa de su madre haciendo reparaciones y ayudando. Después que murió y se terminó el funeral, sentí que había hecho todo lo que podía. Necesitaba un respiro. Me gusta jugar softbol y sabía que eso me ayudaría a relajarme y aliviar un poco el estrés en que había estado. Pensé que ella quería que me tomara el descanso.

»Había hecho lo que pensaba que era importante para ella, pero no fue suficiente. Nunca me ha dejado olvidar esos dos días. Dice que amo más al softbol que a ella. Eso es absurdo.

Tony era un esposo sincero que no comprendía el tremendo poder de la presencia. En la mente de su esposa, el que estuviera allí con ella cuando lo necesitaba, era más importante que todo lo demás. **La presencia física en tiempos de crisis es el regalo más poderoso que puedes darle a tu cónyuge si su lenguaje principal del amor es recibir regalos.** Tu cuerpo se convierte en el símbolo de tu amor. Elimina el símbolo, y desaparecerá el significado del amor.

En consejería, Tony y Sonia superaron los obstáculos de las heridas y los malentendidos del pasado. Al final, Sonia fue capaz de perdonarlo, y Tony llegó a entender el porqué su presencia era tan importante para ella.

Tú puedes evitar tales sufrimientos y años de resentimiento solo al leer las insinuaciones verbales y no verbales de tu esposa. Si te dice: «De veras quiero que estés conmigo esta noche, mañana, esta tarde», toma en serio esa petición. Desde tu perspectiva, quizá no parezca importante. Créeme, lo es. Y si tú no te lo tomas en serio, si no eres sensible a su petición, tal vez comuniques un mensaje que no tenías la intención de hacer. Un mensaje que quizá lamentes durante muchísimo tiempo.

> **Habla con claridad**
>
> Si *tu* lenguaje primario en el amor es el de entregar regalos, y la presencia física de tu esposa es importante *para ti*, lo primero que necesitas hacer es expresar verbalmente lo que sientes. No hagas que ella tenga que adivinar lo que es importante para ti. Díselo con toda claridad. Dale una oportunidad para hablar con fluidez tu lenguaje en el amor.

El espíritu de generosidad yace en el corazón del amor. Los cinco lenguajes del amor nos exhortan a darle algo a nuestra esposa. No obstante, para algunas personas, los regalos, símbolos visibles del amor, hablan más fuerte.

ES UN COMIENZO

Digamos que un esposo reconoce la necesidad de los regalos en su relación, pero tiene poca o ninguna experiencia como dador de regalos. Tal vez creciera en una familia de pocos ingresos donde raras veces se hacían regalos. O quizá nunca haya sido muy bueno para ir de compras... para sí mismo o para otra persona. Es posible que su propio lenguaje en el amor se encuentre a unos ciento ochenta grados de distancia con respecto a los regalos.

¿Cómo podría un hombre así llegar a dominar un lenguaje del amor que le es tan ajeno?

Un buen primer paso sería hacer una lista de todos los regalos en los que puede pensar que causarían en su esposa una gran reacción. Se podría tratar de presentes que él mismo le ha dado o que les han dado otros familiares o amigos. Una lista así le daría una idea de la clase de regalos que le gustaría recibir a su esposa. Si tuviera a mano la lista y le añadiera detalles con tanta frecuencia como le fuera posible, la podría usar como referencia a la hora de comprar.

Si está *de veras* preocupado en cuanto a su capacidad para escoger regalos (o a la ausencia de esa habilidad), podría pedirles ayuda a los familiares que conozcan bien a su esposa.

LIBRO DE FRASES SOBRE REGALOS

No se puede esperar que nadie domine de la noche a la mañana el lenguaje en el amor de los regalos. Si necesitas una idea para un regalo, y la necesitas pronto, prueba una de las siguientes sugerencias fiables:

- Los doce días de la Navidad son ya una tradición. Entonces, ¿qué te parecerían **doce días de regalos** por su aniversario de bodas, el cumpleaños de tu esposa, el Día de las Madres o alguna otra ocasión especial?

- Las fotografías son regalos baratos que van adquiriendo valor a medida que pasa el tiempo. Pueden ser más especiales aún si las coleccionas durante cierto período y después **se las regalas a tu esposa como un historial fotográfico** del crecimiento de tu hijo, de la vida de tu mascota, de las temporadas de su jardín, etc.

- Considera algunos buenos **regalos «ahora y más tarde».** Por ejemplo, un comedero para pájaros, un estuche con objetos para bordar o semillas para una huerta, cuya recompensa durará por largo tiempo.

- Dale a tu esposa **«el regalo del día».** En algún momento, cuando sepas que ella está libre, tómate un día tú también y deja que ella sea la que disponga lo que quiere que hagan. (O entrégale el día entero para que ella haga lo que quiera).

- Mantente alerta en cuanto a la posibilidad de unos **regalos espontáneos e inesperados,** desde los vendedores callejeros de flores, hasta los que venden frutas o trabajos manuales junto a la carretera, o una heladería favorita en un día de calor. Asegúrate de que sean cosas que ella valoraría.

- Si a ella le encantan **las tiendas de regalos o las que venden artículos para el hogar,** déjala que lo registre todo, sin estarte quejando ni poniéndote intranquilo.

- Si ella tiene un programa de juegos o de realidad que es su favorito, piensa en las formas en que le podrías facilitar una versión personalizada solo para ella. Por ejemplo, si le encantan los programas sobre diseño interior, dale un presupuesto y la ayuda de alguna amiga, y déjala **que diseñe de nuevo una de las habitaciones** de la casa.

- Si tienes tendencias artísticas, **haz una representación de ella** al carbón, con acuarelas, pintura de aceite, arcilla o algún otro material.

- Cuando ella se esté acercando a un suceso que marque época (un cumpleaños o un aniversario especial), avísales a amistades suyas del pasado, de las cuales no ha sabido en largo rato. Pídeles que le envíen **unos regalos sencillos y llenos de afecto** (poemas, marcadores de libros, oraciones) para ese día especial. Guárdalos en secreto hasta presentárselos en su gran fiesta de cumpleaños.

- **Haz que registren una estrella** con el nombre de tu esposa.

- **Compra acciones de una compañía** que apoye tu esposa y deja que sea ella la que siga sus altibajos económicos durante un período.

- **Dale cupones hechos a mano** para brindarle los «servicios» que ella solicita a menudo, como lavar el auto, hacer mandados específicos y darle un masaje en la espalda. Asegúrate de distinguir todos los cupones de una manera oportuna y alegre.

- Cuando el dinero esté escaso, piensa en **adecuados regalos simbólicos**. Por ejemplo, en lugar de pasajes de avión, podrías llevar a tu esposa a un «vuelo de la imaginación» para soñar despiertos en lo que harían juntos si el dinero no fuera el problema. O bien, busca vídeos tomados en algunas vacaciones pasadas para volver a vivir esos momentos especiales sin dejar la comodidad de su hogar.

- Ofrécele **«el regalo de tu presencia»** durante un momento difícil en especial de su vida; tal vez cuando visite a una amiga muy enferma, cuide a uno de sus padres en su ancianidad o enfrente una crisis en su trabajo.

- Cuando tu esposa se halle fuera de la casa en un viaje de negocios, un retiro de la iglesia o una salida de fin de semana con su mejor amiga, **escóndele un regalo en su equipaje**. O haz los arreglos para que le entreguen algo en su cuarto del hotel.

- **Aumenta sus expectativas** ante un gran regalo al ofrecerle unas pistas poco precisas en cuanto a lo que es, tal vez bajo la forma de las piezas de un rompecabezas que al final formen una imagen del regalo.

5

Cómo llegar a hablar con fluidez en los actos de servicio

(CUARTO LENGUAJE DEL AMOR)

André se miró en el espejo del baño y movió la cabeza. *Vaya espectáculo*. De rodillas frente al inodoro. Unos guantes de goma que le llegaban a los codos. Una lata de limpiador en una mano y un cepillo de restregar en la otra.

Si sus compañeros del equipo de *rugby* lo pudieran ver ahora... Olvida eso. Si su *padre* lo pudiera ver ahora.

El padre, hombre mayor ya, creía firmemente en la necesidad de dividir las tareas de la casa según el sexo. El esposo cortaba el césped en el verano, paleaba la nieve en el invierno y arreglaba todo lo que se rompía. La esposa hacía todo lo demás.

De repente, André sintió lástima por su papá. Tal vez aquel hombre de edad nunca hubiera experimentado la paga que recibe el que sorprende a su esposa con un acto de servicio. Sonrió al pensar en la reacción de su esposa cuando viera el último acto sorpresivo de *él*.

Cuando llegara a la casa, no solo se encontraría un baño impecable, sino una nueva cortina en la ducha, una alfombra, un juego de toallas y un portarrollos para el papel higiénico también nuevos: los mismos que ella enseñó en un catálogo (y que después supuso por error que él lo había olvidado).

Por supuesto, ella gritaría. Se pondría la mano sobre la boca en medio de su asombro. Notaría y comentaría cada pequeño detalle, incluso el vaso para los cepillos de dientes que ya no estaría repleto de pasta dentífrica seca. Le rodarían unas lágrimas por las mejillas, mientras reiría avergonzada. Lo rodearía con sus brazos para darle un largo y sensual abrazo. Le susurraría en el oído lo afortunada que era por estar casada con un hombre tan cariñoso, atento, sorprendente... y *atractivo*.

De repente, André sintió compasión por todos los que no fueran como él.

UN BIEN GANADO «FELICES PARA SIEMPRE»

Se podría concluir que André y su esposa son una pareja formada en el cielo del lenguaje del amor. Y tendrías razón... aunque las cosas no siempre fueron de esa manera. André no captó de manera telepática el agrado que le causaban a su esposa los actos de servicio desde la primera vez que se encontraron. Tampoco era una especie de erudito en lingüística que comenzó a hablar de inmediato con fluidez el lenguaje de ella en el amor.

André y su esposa tuvieron que pasar por años de dudas, frustraciones, enojos y confusiones a la vez que luchaban por lograr que resultara su relación, por darse a conocer el uno al otro cuáles eran sus necesidades y por hallar las formas de satisfacer las mismas. En sus horas más oscuras, se preguntaban si de veras estarían hechos el uno para el otro.

Aun después que André descubrió el lenguaje del amor de su esposa, tuvo que batallar para aprender a dominar los actos de servicio. Alegaba que las cosas que *ya* hacía, como poner gasolina en el tanque del auto, sacar la basura, usar en el hogar la mayor parte de sus ingresos, deberían contarse como actos de servicio. Esperaba que su esposa se sintiera amada a partir de esas cosas. En esencia, lo que quería era que ella cambiara *sus* necesidades por las soluciones de *él*. Tardó un tiempo en descubrir cuáles eran las clases de actos que significaban más para ella, y después de descubrirlos, llevarlos a la práctica.

Uno de ellos era limpiar el baño.

Sus progresos eran lentos, pero constantes. Con práctica (y unos cuantos intentos errados), André llegó a dominar los actos de servicio... como también te puede suceder a ti. Es más, podemos dividir la estrategia para tener fluidez en tres partes fáciles de recordar:

Impacto

Iniciativa

Actitud

Si falta uno solo de esos elementos o está mal alineado, tus intentos por comunicarle amor a tu esposa mediante actos de servicio quedarán frustrados.

Veamos en primer lugar la importancia del impacto.

IMPACTO PROFUNDO

Te tengo una buena noticia... y otra no tan buena.

La mala noticia es que te podrías pasar todo un fin de semana largo, con puente y todo, haciendo cosas en la casa: rastrillando hojas secas, preparando el césped para el invierno, recogiendo las mangueras y guardándolas, preparando los autos para el invierno, sacando del ático los adornos para el Día de Acción de Gracias y para la Navidad, aislando las ventanas y las puertas para que no entre el frío, revisando el soplador de nieve, cortando leños para la chimenea... sin añadir ni una gota al tanque de amor de tu esposa.

La buena noticia es que podrías aparecerte en tu casa con comida china, limpiar la cocina después de la comida, y cuando llegue la hora, acostar a los niños tú solo en una noche en la que ella se enfrenta a una fecha límite en algún trabajo o solo está agotada después de un largo día, ¡y llenar hasta desbordar ese mismo tanque de amor!

> **Causar un impacto en tu esposa no significa trabajar más duro, sino hacerlo con mayor inteligencia.**

Cuando se trata de actos de servicio, no se te juzgará por la cantidad de tiempo que inviertes en hacerlos y ni siquiera por lo mucho que trabajes. Se te juzgará por tu eficiencia; por el impacto que causes.

Un lanzador novato de béisbol puede trabajar sin cesar en sus lanzamientos, asegurándose de que el punto en que suelta sus bolas de menor velocidad coincida con el de su lanzamiento más rápido. Puede lanzar centenares de bolas bajas extras y líneas distintas después de practicar en su esfuerzo por situar mejor su posición. Puede estudiar cada noche horas enteras de lanzamientos grabados, a fin de aprender las tendencias de los diversos bateadores y corredores entre bases.

No obstante, al final se le juzga a partir de un solo criterio: ¿Poncha a los bateadores o no? Si la respuesta es no, ninguno de los otros esfuerzos tendrá gran importancia. Lo que importa es si logra ser eficiente en lo que cuenta de veras.

Al principio, André no hizo esa conexión. Trabajó duro... en las tareas equivocadas. Y no pudo hacer mella en las necesidades en el lenguaje del amor de su esposa.

Para alguien que se siente orgulloso de su trabajo, esa puede ser una píldora difícil de tragar. A casi todos nos programaron con un afán instintivo por demostrar que somos valiosos como esposos, proveedores y protectores. Más allá de esto, tenemos el deseo de que nuestro trabajo signifique algo. Y queremos el crédito por las cosas que hacemos.

La forma en que eran antes las cosas

Muchas personas se casan creyendo que su cónyuge ya domina los actos de servicio. Basan su creencia en la forma en que ese cónyuge actuaba mientras eran novios. Muchas de esas personas descubren muy pronto que aquello que dos personas hacen la una por la otra antes de casarse no es indicio de lo que harán después que se casen.

> El proceso de enamorarnos puede llevar a cabo extraños cambios en nuestra conducta y causar que hagamos cosas extrañas por completo a nuestra manera de ser. Después del matrimonio, volvemos a ser las personas que éramos antes de enamorarnos. Entonces es cuando se necesita aprender un nuevo lenguaje del amor.

A fin de dominar los actos de servicio, necesitamos lanzar a la cuneta esa mentalidad. Necesitamos dejar que nuestra esposa nos guíe en cuanto a determinar qué actos son eficaces y cuáles no lo son. Necesitamos dejar que ella nos instruya en cuanto a la forma en que podemos causar un impacto.

¿Cuál es la manera en que ve tu esposa el amor?

¿Qué acciones la hacen sentir amada de una manera genuina y espectacular?

La respuesta a estas preguntas es la que guiará tus acciones. Según la personalidad de ella, y la historia de las relaciones entre ustedes dos, ella podría sentirse cómoda o incómoda en cuanto a darte las respuestas. Tal vez necesites tranquilizarla, ayudarla a que reconozca tu genuino deseo de satisfacer sus necesidades de actos de servicio.

Cualquiera que sea lo que haga sentir a tu esposa amada de manera genuina y espectacular es donde te tienes que enfocar y centrar tus esfuerzos.

Una de las formas de hacerlo es al invitarla a que recopile su «lista definitiva» (o lista de deseos) sobre las cosas que quisiera que hicieras tú con amor para ella. Se trata de una lista que contenga los cuatro o cinco actos de servicio que más significarían para ella. En esa lista, podría incluir un quehacer del hogar que a ella le desagrada por completo, una idea para aliviar un poco las presiones que tiene encima, una forma de lograr que tenga algún tiempo libre para sí sola, un proyecto en el que ha soñado durante años u otras sugerencias de servicio.

Esa lista no tiene que ser exhaustiva. Solo es un punto de partida; una especie de foto instantánea del panorama que forman en la actualidad las necesidades emocionales de tu esposa. Sin embargo, una vez que la tengas, trátala como el valioso recurso que es en realidad.

¿CÓMO DECIR «CUANTO ANTES» EN ACTOS DE SERVICIO?
La transición desde que recibes de tu esposa las cosas por hacer hasta que comienzas de veras tu primer acto de servicio oficial es crítica. Piénsala como si fuera el traspaso del testigo en una carrera de relevos de cuatro por cien metros o una parada para reparación en la carrera automovilística Indianápolis 500. La velocidad y la ejecución lo son todo.

Llámalo... iniciativa. Emprende la acción *en* la lista de tu esposa, en lugar de dejar que esta venga a ti.

Tú puedes tener toda la intención del mundo de abordar las cosas de la lista de ella... cuando tengas tiempo, oportunidad y energía para hacerlo. Sin embargo, en las relaciones, como en los negocios, los deportes y en cualquier otro aspecto de la vida, las buenas intenciones solo te llevarán hasta aquí. A fin de que cuenten, tienes que convertir esas buenas intenciones en algo tangible, algo apreciable.

Por mucha que sea la buena voluntad que tengas al animar a tu esposa a mostrarte su lista definitiva de cosas que quiere que hagas, la desperdiciarás muy pronto si la lista se queda sepultada debajo de una montaña de papeles en tu escritorio. Lo que menos te conviene es que tu esposa te tenga que recordar esa lista de las cosas que tenías la intención de hacer para ella.

Así, no sentirá que la amas. El amor siempre se da de manera gratuita. No se logra de alguien con exigencias, ni con lisonjas, ni coacciones.

Por eso, es vital que tomes la iniciativa de terminar cuanto antes un acto de servicio de la lista de tu esposa. Al hacerlo, le demuestras tus intenciones para el futuro y le das una idea de lo importante que es para ti su bienestar emocional.

Lo más lógico que puedes hacer es escoger la tarea más fácil de la lista y llevarla a cabo. Y si el tiempo apremia, no hay nada de malo en hacer así las cosas. No obstante, si el tiempo no es algo a tener en cuenta, si tienes los recursos y los medios para hacer algo más grande y más audaz, es indiscutible que tu mejor estrategia es abordar el asunto en la lista que significará más para ella. El más cercano a su corazón.

Pon manos a la obra, y hazla... y hazla bien. Muéstrale a tu esposa buenos *resultados* en lugar de buenas intenciones. Cuando termines ese primer punto, dirige tu atención al resto de la lista.

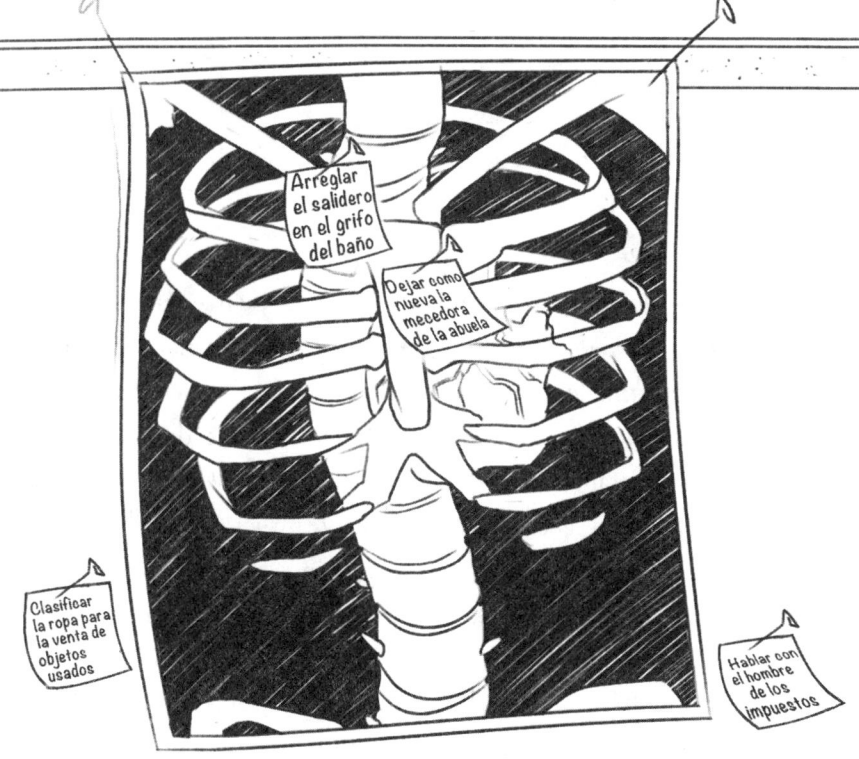

Más fácil es decirlo que hacerlo, ¿verdad? En especial con muchísimas otras cosas que exigen tu tiempo, atención y energía. La clave para iniciar los actos de servicio es convertirla en una «Experiencia en 3-D»: Dinamismo, Disciplina y Dedicación.

El *dinamismo* confirma tu motivación. A fin de mantener fresca en tu mente la *razón* de tus actos de servicio, pega con cinta adhesiva tu fotografía favorita de tu esposa, junto con su lista de quehaceres, en el espejo de tu baño o en algún otro lugar donde las verás cada día. Siempre que veas la fotografía, piensa en la forma en que le puedes manifestar tu amor a la mujer que aparece en ella mediante un acto de servicio, ya sea una idea de su lista o una sorpresa que sabes que ella apreciará.

La *disciplina* se refiere a la planificación y priorización necesarias para llevar a cabo algunos de los proyectos más ambiciosos de la lista. Es imposible fabricar, fijar en su sitio y llenar seis cajas grandes de tierra para cultivar flores en un solo día. Tampoco se puede montar un organizador de clóset a la medida en una o dos horas al regresar del trabajo. Hay ciertos actos de servicio que interferirán con tu horario ya bien ocupado. Algunos te van a obligar a posponer, o sacrificar, tus propias tareas o entretenimientos.

La *dedicación* consiste en asegurarte de terminar lo que comiences. La dedicación es mantenerse comprometido a realizar un acto de servicio hasta poderlo presentar como una muestra de amor. La dedicación es lo que impide que posibles demostraciones de afecto se conviertan en recuerdos parcialmente terminados de prioridades más apremiantes.

Recuerda: cada retraso o intento fallido por dejar terminado un acto de servicio le envía a tu esposa un claro mensaje: *esto no es importante para mí.*

EL SERVICIO CON UNA SONRISA

Tan crucial como el acto de servicio en sí mismo es la *actitud* con la que lo realices. Es más, una cosa bien hecha con una actitud indebida, en realidad puede hacer más daño que bien. Si tu esposa capta resentimiento o irritación en ti mientras realizas un acto de servicio para ella, no se sentirá afirmada. Lo sentirá como una imposición, una molestia, una forma de acabar con tu tiempo y tus energías.

¿Dónde está el amor en algo así?

Para un máximo impacto, **tus actos de servicio deben hacerse con entusiasmo,** con la emoción de hacer algo significativo para tu esposa. **Los debes realizar con buen humor,** incluso los que te llevan lejos, *muy lejos* de tu zona de comodidad. Y **los debes realizar con humildad.** No llames la atención sobre tu propia persona mientras los realizas. Después de eso, no les des demasiada importancia. Niégate a interpretar el papel de héroe o el de víctima. Recuerda para quién los haces y por qué.

> **Si tu lenguaje primario del amor es el de los actos de servicio...**
> Ten en cuenta que el amor es una decisión y no se puede forzar. No puedes usar las críticas ni las exigencias para conseguir lo que necesitas. Con bastante intimidación, puedes obtener la

conformidad de tu esposa. Sin embargo, aunque haga lo que tú quieres, de seguro que no será una expresión de amor.

Una mejor opción es irla guiando al hacerle tus peticiones: «Me gustaría que mantuvieras la casa recogida, revisaras la correspondencia, llamaras a mi madre más a menudo». Aun así, no puedes crear ni exigir la voluntad de amar. Cada uno de nosotros debe decidir cada día amar o no a nuestra esposa.

EL ENIGMA DEL FELPUDO

De los cinco lenguajes del amor, los actos de servicio parece que tienen más potencial para el abuso; o al menos, para que se perciba como tal. Es concebible que una esposa con unas intenciones nada nobles pueda convencer a su esposo para que haga lo que sea por ella, y todo en nombre del amor.

Una esposa harta lo expresaba de esta forma: «Lo he estado sirviendo durante veinte años. Lo he atendido a cuerpo de rey. He sido su felpudo mientras no me tenía en cuenta, me maltrataba y me humillaba delante de mis amigos y de mi familia. No lo odio. No le deseo mal alguno, pero estoy resentida con él, y ya no deseo vivir con él».

Durante dos décadas, esta mujer realizó actos de servicio por su esposo. En cambio, no eran manifestaciones de amor. Los hacía movida por el temor, la culpa y el resentimiento. ¿Cuántos otros hombres y mujeres bien intencionados tienen una historia similar? ¿Cuántos fueron (o son) miembros de la Sociedad de Felpudos?

Los felpudos son objetos inanimados, algo para ponerle el pie, limpiarse los zapatos y patearlos de vez en cuando. No tienen voluntad propia. No protestan por la forma en que los tratan. Sirven para su propósito. Punto.

Cuando tratamos a nuestras esposas como objetos, o incluso les damos motivos para sentir que las tratamos de esa manera, eliminamos la posibilidad del amor. La manipulación por la culpa («Si fueras una buena esposa, harías esto por mí») no es el lenguaje del amor. La coerción por temor («Harás esto o te vas a arrepentir») es ajena al amor.

De igual manera, cuando los esfuerzos genuinos de un esposo por expresar su amor mediante actos de servicio chocan a cada momento con la insatisfacción o la indiferencia por parte de su esposa, quizá sea recomendable una reevaluación.

Como dijimos antes, el dominio de un segundo lenguaje del amor requiere tiempo. Los errores son inevitables. No todas las ideas resultarán, en especial si todavía los dos no han llegado a una buena sintonía.

Si, por otro lado, realizas los actos de servicio que tu esposa dijo que significan más para ella, y lo que recibes a menudo son críticas, o ninguna reacción en absoluto, es bastante seguro que los actos de servicio no sean el lenguaje del amor de tu esposa después de todo.

LIBRO DE FRASES SOBRE ACTOS DE SERVICIOS

Te comprometiste a llegar a tener fluidez en los actos de servicio de modo que puedas expresarle amor a tu esposa. Bien por ti. Como un hablante no nativo, encontrarás que hay momentos en los que estás atascado en busca de inspiración. He aquí algunas ideas para salir adelante.

- Muchos hombres saben de una tarea (o tareas) que su esposa ya ha perdido la esperanza de verla hecha alguna vez. **Sorpréndela... y haz el trabajo.**

- **Si ella te pide que hagas algo, hazlo.** No la obligues a tener que repetírtelo.

- Planea levantarte media hora antes (o ir a la cama media hora más tarde) cada día durante una semana, y usa ese tiempo **para planificar y realizar actos de servicio por tu esposa.**

- **Piensa en algo que ella nunca esperaría.** Lleva al perro al peluquero de perros, reorganiza el sótano para darles espacio a sus archivos importantes, limpia los armarios de la alacena y de la cocina.

- **Prepara la cena.** Cocínala de verdad, y no te olvides de los vegetales. Después límpialo todo, y no te olvides de pasarle un paño al fogón.

- **Lleva a tu esposa «de compras» en las Páginas Amarillas o en línea.** Déjala que escoja un servicio que se necesita, ya sea limpieza de canalones, pintura o limpieza al vapor de la alfombra.

- **Piensa en las quejas más frecuentes de tu esposa,** y haz todo lo que sea necesario para evitar esas quejas en el futuro inmediato.

- **Ponte a su disposición en tiempos de dolor prolongado** (tales como la muerte de uno de sus padres o una mascota). Tu apoyo en tiempos difíciles puede ser un gran acto de servicio.

- No anuncies siempre lo que haces por tu esposa. De vez en cuando, **realiza un acto de servicio encubierto sin decir nada,** y observa cuánto tiempo le toma a ella darse cuenta.

- Si tu esposa siempre parece apurada en las mañanas, **busca una manera de darle unos minutos más.** Toma un turno más temprano (o más tarde) en el baño. Prepárales el almuerzo a los niños. Ten listo el café.

- **Haz una lista de los conocimientos y las habilidades que poseen tus amigos.** ¿A cuál puedes llamar para que realice un acto de servicio por tu esposa que tú no estás capacitado para hacer?

- Si tu esposa disfruta tanto lo que haces por ella que quiere participar de la diversión, **trabaja junto con ella para realizar actos de servicio** por otras personas que conozcan. (Antes de darte cuenta, descubrirás que pasan juntos tiempos de calidad mientras planifican).

- **Piensa de qué manera podrías servir a alguien** (o algo) que tu esposa estima, ya sea un amigo, un familiar, un miembro de la iglesia o una causa favorita suya.

- **Ocúpate de las interferencias que le surjan a tu esposa** durante sus programas favoritos de la televisión. Encárgate de todas las llamadas telefónicas, las emergencias de tus hijos, etc.

- Si te enteras de otros hombres que estén leyendo este libro, intercambia ideas con ellos **para descubrir nuevas estrategias viables en tu relación con tu esposa.**

TOQUE FÍSICO

Cómo llegar a hablar con fluidez en el toque físico

(QUINTO LENGUAJE DEL AMOR)

Cuando eras niño, ¿con cuánta frecuencia:
Jugabas fútbol americano sin contacto en tu vecindario?
Pulseabas con tu papá?
Peleabas con los pulgares con tu hermano?
Jugabas al corre que te pillo en los recreos?
Dabas coscorrones, pegabas con toallas mojadas, forcejeabas o le dabas puñetazos a alguien en un brazo?

Para muchos chicos, el toque físico es una parte inmensa de madurar. Si se dejan a sus anchas, **los muchachos varones pueden hacer de cualquier juego, actividad o paseo en auto un deporte de contacto.**

Mientras crecemos, se nos enseña a respetar el espacio personal de los demás y a controlar nuestras manos. Aparte de los apretones de manos, choques de cinco y algún ligero abrazo ocasional, nuestra interacción personal como adultos se halla casi siempre libre de toque físico. No tocamos a nadie, y nadie nos toca a nosotros.

A veces, ese método de no tocar se extiende también al matrimonio. Después del período de la luna de miel, cuando los recién casados no pueden obtener lo suficiente el uno del otro, muchas parejas se forman un patrón de un siempre creciente distanciamiento físico. Las demandas de un mundo agitado, así como un gran número de problemas emocionales, conspiran para que el esposo y la esposa se mantengan alejados.

Para más o menos las cuatro quintas partes de las personas casadas, esa distancia no parece ser un problema evidente. (Esa cifra da por sentado una distribución igualitaria en proporción de los lenguajes primarios del amor entre la población en general). Sus tanques de amor se llenan mediante palabras de afirmación, tiempo de calidad, regalos o actos de servicio. Quizá disfruten del toque físico, pero no lo *necesitan* para sentirse amados ni apreciados. Su bienestar emocional no está atado a él.

Este capítulo está dedicado al *otro* veinte por ciento: los cónyuges cuyo lenguaje primario del amor es el toque físico.

LOS TOCABLES

Si tú o tu esposa son conocedores de la buena mesa, es probable que escucharan hablar de los «superdegustadores», las personas cuyo sentido del gusto es tan agudo que experimentan la comida de una manera diferente a la mayoría de las demás personas. Para un superdegustador, el azúcar es más dulce, el sodio es más salado, la grasa es más cremosa y lo amargo es insoportable. Algunos superdegustadores pueden detectar incluso las diferencias más insignificantes en el contenido de la leche y de otros alimentos.

Por supuesto que se discute si esta capacidad de superdegustación es una bendición o una maldición. En el lado positivo, con sus papilas gustativas tan sensibles, los superdegustadores pueden aislar y disfrutar los numerosos ingredientes que componen sus comidas favoritas. Por eso los superdegustadores son unos excelentes críticos de la comida. En el lado negativo, los superdegustadores sienten repulsión por ciertos alimentos, incluyendo los saludables vegetales de color verde oscuro, que disfrutan otras personas.

Si el lenguaje primario de tu esposa en el amor es el toque físico, piensa en ella como una «supertocadora». Puede sentir amor y afecto,

entre otras cosas, en el más ligero apretón del brazo o caricia de la espalda. **Un toque físico que no registraría siquiera la mayoría de las personas, tiene el potencial de emocionarlas, cambiar su estado de ánimo, iluminar su día y, lo más importante, sentirse amadas y objeto de afecto.**

La intensidad de su experiencia táctil desempeña un importante papel en sus relaciones. Mientras más cerca esté de alguien, ya sea de una amistad o un familiar, más disfrutará del toque físico con esa persona: un abrazo de oso con su hermano, un beso en la mejilla de su madre, un brazo de su mejor amiga alrededor de sus hombros. Asimismo, **la *evitación* del toque físico por las personas más cercanas a ella tiene el potencial de causarle más dolor y ansiedad de lo que puedan imaginar la mayoría de los hablantes no nativos de su lenguaje del amor.**

Desde su punto de vista, el toque físico puede crear o destruir una relación. Puede comunicar amor u odio. Una bofetada en el rostro es algo que estremece a cualquiera, pero sería devastadora para alguien cuyo lenguaje primario del amor es el toque físico. Un tierno abrazo les comunica amor y afecto a casi todas las personas, pero les *grita* ese amor a quienes hablan el toque físico.

El proceso mental de una persona así es de la siguiente forma: *Todo lo que soy se encuentra en mi cuerpo. Tocar mi cuerpo es tocarme a mí. Apartarse de mi cuerpo es distanciarse de mí de manera emocional.*

Incluso las personas que hablan otros lenguajes del amor pueden comprender hasta cierto punto esa forma de pensar. Ya sea que nos demos cuenta o no, la mayoría de nosotros nos apegamos en nuestra cultura a determinadas expectativas del toque físico. Desviarse de ellas es invitar al escrutinio y a los malentendidos. ¿Cuántas veces a la semana les estrechas la mano a tus clientes, a otros miembros de tu iglesia, a tus compañeros de golf y a conocidos casuales? En nuestra cultura, estrechar la mano es una manera de comunicarle apertura y amistad a la otra persona. Si le tiendes la mano a otra persona, y esta te deja con la mano extendida negándose a estrecharla, lo más probable es que supongas una de estas tres cosas:

Ese tipo es un tonto de remate.

No tiene interés alguno en llegar a conocerte.

Las cosas no andan bien en la relación entre ustedes.

Tu reacción ante ese desaire dependerá de quién te desaira. Si es un contrario al que acabas de vencer en un juego de baloncesto, es probable que no te importe gran cosa. Si es tu jefe, tal vez empieces a sentir pánico, preguntándote qué hiciste mal y cuándo te dejarán caer el martillo en la cabeza.

Y así sucede con la esposa que habla el toque físico como su lenguaje primario del amor. **Cuando ese toque no llega, ella se lo toma como**

algo personal. Tal vez pierda su autoestima. Quizá se preocupe por el estado de sus amistades y relaciones. A lo mejor se siente sola, incluso cuando está rodeada de amigos y seres amados.

Como su esposo, su principal fuente de amor y afirmación, la responsabilidad por darle el toque físico que ella desea es tuya. **Algunos podrían llamarlo presión. Tú puedes tomar la decisión de considerarlo como un reto... y una oportunidad.**

EVALÚA LA SITUACIÓN

Si tus hijos (o los hijos de tus amigos, o tus sobrinos o sobrinas) juegan en equipos deportivos del instituto, es posible que te resulten conocidas las pruebas de referencia de conmociones cerebrales. Si no, he aquí cómo funcionan. Antes de comenzar la temporada, el atleta toma un test automatizado que mide su tiempo de reacción, su capacidad de memoria, su velocidad en los procesos mentales y las funciones de ejecución del cerebro. Esa prueba sirve como documentación sobre la forma en que funciona el cerebro de ese atleta cuando está saludable.

Si el atleta sufre una conmoción durante la temporada, los médicos le pueden volver a realizar la prueba y comparar los nuevos resultados con la prueba de referencia. Ese punto de comparación les permite determinar dónde se hizo el daño, de manera que ahora puedan planificar el tratamiento según lo que encuentren.

Ese mismo principio, aunque al revés, lo puedes aplicar al aprendizaje del lenguaje del amor de tu esposa. Si te has tomado en serio la necesidad de llegar a tener fluidez en el toque físico, tal vez quieras considerar una «prueba de referencia» de tu relación actual con tu esposa en el toque físico.

Al final de un día típico de entre semana, después que tu esposa se vaya a la cama, haz una revisión mental de tu interacción física con ella en ese día. Anota cada vez que tú
la besaste

la abrazaste
la tomaste de la mano
le pusiste un brazo por encima
iniciaste un contacto de pies por debajo de la mesa
la tomaste por la cintura
chocaste los cinco con ella
luchaste de manera juguetona con ella
le masajeaste los hombros
le acariciaste el cabello
le acariciaste la espalda
tuviste algún otro toque físico significativo, deliberado y afectuoso con ella.

Sé tan preciso y tan exhaustivo como puedas al recopilar tu lista. Resístete al impulso de inflar los números para hacer que te veas mejor. Recuerda: solo buscas las cifras básicas; puntos de comparación para usarlos más tarde. Además, no hay razón alguna para que nadie más que tú vea la lista.

Una vez que tengas una idea razonablemente concreta de la cantidad de toque físico que le proporcionas a tu esposa en un día dado, podrás comenzar a buscar los aspectos en los que podrías mejorar. Por ejemplo, si encuentras que hay una o dos clases de toques que realizas una y otra vez, podrías pensar en otros tipos de toques que tu lista señala como escasos, y buscar la forma de intentarlos con mayor frecuencia. Haz tus cálculos, fíjate tus metas y planifica tu estrategia.

Una vez fijada tu estrategia, marca algunas fechas en tu calendario para autoevaluarte de nuevo y comprobar el progreso. Compara esas evaluaciones con tus cifras base, a fin de ver en qué aspectos estás mejorando y en cuáles necesitas mejorar más.

EL TOQUE AGRADABLE

Desde el punto de vista anatómico, el toque físico quizá sea el lenguaje del amor que nos sería más fácil aprender a todos. El cuerpo humano se diseñó con receptores táctiles en todas partes. Le podrías manifestar tu amor a tu esposa tocándola en casi cualquier lugar de su cuerpo.

En teoría.

A decir verdad, **no todos los toques se crean iguales.** Hay algunos que le van a producir a ella más placer que otros. Por supuesto, tu mejor instructora es la persona a la que tocas; en este caso, tu esposa. Al fin y al cabo, ella es la única que procuras amar. Es la que sabe mejor lo que percibe como un toque amoroso. **No insistas en tocarla a *tu* manera y en *tu* tiempo.** Aprende a hablar su dialecto en el amor.

Te guste o no, es posible que tu esposa sienta incómodos o irritantes algunos toques. Seguirlos usando equivale a comunicarle lo opuesto al amor, a sugerirle que no eres sensible ante sus necesidades y que te preocupa poco la forma en que ella percibe lo que es agradable. **El hecho de que cierta clase de toque te produzca placer a ti no significa que se lo produzca, o se lo deba producir, a tu esposa.**

Algunos toques de amor son explícitos y exigen toda tu atención. Por supuesto, las caricias sexuales estimulantes y el coito caerían dentro de esta categoría (hablaremos más adelante al respecto). Un masaje sensual en la espalda también calificaría. Los toques amorosos explícitos suelen necesitar más tiempo y esfuerzo de tu parte, no solo en cuanto a lo que respecta al toque en sí, sino también en la preparación y la comprensión sobre la forma de comunicarle tu amor a tu esposa de esa manera. **Si un masaje en la espalda le comunica con intensidad tu amor a tu esposa, todo el tiempo, el dinero y las energías que emplees en aprender a ser un buen masajista serán una buena inversión.**

Otros toques amorosos son implícitos y solo exigen un instante. Entre ellos estarían el poner la mano sobre el hombro de tu esposa mientras le echas café en su taza o frotar tu cuerpo contra el de ella al pasar a su lado en la cocina.

> **Los únicos toques a tu disposición son los que le producen placer a tu esposa.**

Los toques de amor implícitos requieren poco tiempo, pero mucho pensamiento, sobre todo si el toque físico no es tu lenguaje primario en el amor y si no creciste en una «familia de toques físicos». Sentarse uno junto al otro mientras ven su programa favorito de televisión no exige ningún tiempo adicional, pero es posible que le comunique con fuerza tu amor. Tocar a tu esposa mientras atraviesas la habitación en la que ella está sentada, solo te toma un instante. Tocarse mutuamente cuando sales de la casa, y de nuevo cuando regresas, podría comprender solo un breve beso o abrazo, pero le va a decir muchas cosas a tu esposa.

Una vez que descubras que el toque físico es el lenguaje primario de tu esposa en el amor, lo único que te limitará será tu imaginación cuando se trate de expresarle amor. Idear nuevas maneras y nuevos lugares para ese toque físico puede ser un emocionante desafío.

Si nunca fuiste en el pasado uno de esos que tocan por debajo de la mesa, podrías descubrir que ese toque secreto le añade una chispa al hecho de salir a cenar juntos.

Si no estás acostumbrado a tomarla de la mano en público, es posible que descubras que puedes llenar el tanque emocional de amor de tu esposa con solo caminar por un estacionamiento tomado de la mano con ella.

Si casi nunca la besas tan pronto como entran juntos al auto, podrías descubrir que esto realza mucho sus viajes en el auto.

Darle un abrazo a tu esposa antes que ella se vaya de compras no solo le expresa tu amor, sino que también la podría traer más pronto de vuelta a casa.

Prueba nuevos toques físicos en nuevos lugares, y deja que tu esposa te diga si le parecen agradables. Recuerda que ella es la que tiene la última palabra. Tú eres el que estás aprendiendo a hablar el lenguaje de ella.

UNA CATEGORÍA PROPIA

Sin duda, a un hombre con sangre en las venas, y movido por la testosterona, se le puede perdonar que sonría con picardía cuando descubre que su esposa experimenta el amor sobre todo mediante el toque físico. Es algo así como sacarse la lotería en los lenguajes del amor, ¿verdad? Al fin y al cabo, el toque físico *incluye* las relaciones sexuales, ¿no? ¿Cierto?

Tal vez.

No forzosamente.

Eso depende de tu esposa.

Es más, algunas esposas encontrarán satisfacción sexual en la intimidad física al hacer el amor. Otras esposas quizá pongan la relación sexual en una categoría aparte con respecto a las otras clases de toque físico. Comoquiera que sea, es importante recordar cuáles son las necesidades que se enfocan aquí.

La razón por la que adquirimos fluidez en el lenguaje del toque físico no es la satisfacción de nuestros propios apetitos, sino la necesidad de hacer que nuestra esposa se sienta amada y valorada de veras. Si ella capta que tus esfuerzos en cuanto al toque físico solo son preludio de las relaciones sexuales, formas de «prepararla a ella», se podría comenzar a sentir resentida. Y en el proceso, perderás cierta credibilidad.

> El toque físico no es un código para el juego sexual.

Tu esposa necesita saber que tu propósito es genuino, tus intenciones son nobles y tus esfuerzos van dirigidos hacia ella. Si eso significa sacar las relaciones sexuales de la ecuación del lenguaje en el amor, que así sea. Ustedes dos pueden tener su intimidad física en un ambiente distinto.

Hay tres puntos que debemos reiterar en el contexto del toque físico y la relación sexual. El primero tiene que ver con los toques adecuados y los inadecuados. Recuerda: **tu esposa es la que traza los límites.** Si ella se siente incómoda con un tipo de toque que llega casi al manoseo, debería tener la libertad necesaria para decírtelo. De esa manera, tú podrás adaptar tus acciones en consecuencia. Debes respetar sus sentimientos.

En segundo lugar, el hecho de que la reacción de tu esposa ante el toque físico esté tan cargada de significado representa que **cualquier traición en este aspecto será devastador para ella;** más de lo que quizá tenga para otra persona. Los archivos de los consejeros matrimoniales están repletos de historiales de esposos y esposas que batallan con el trauma emocional de un cónyuge infiel. Con todo, ese trauma se complica en el caso de la persona cuyo lenguaje primario en el amor es el toque físico. La idea de que ese amor que ella anhela se le esté entregando a otra persona es casi demasiado intensa para soportarla. Su tanque emocional para el amor no solo se vacía, sino que estalla. Solo una reparación a gran escala puede arreglar los daños.

En tercer lugar, **si de veras las relaciones sexuales son el dialecto primario de tu esposa, nada debería impedir que te convirtieras en el mejor amante que puedas llegar a ser para ella.** Mientras más leas y comentes acerca del arte de hacer el amor, más vas a mejorar en tu capacidad para expresarle amor de esa manera.

CUANDO MÁS SE NECESITA

Si el toque físico es importante bajo unas circunstancias normales, es de todo punto esencial en los momentos de crisis. Hasta las personas que no hablan el toque físico como su primer lenguaje del amor, se aferran de una manera casi instintiva una a otra en momentos de emergencia, de pérdida y de agitación. Mientras más seria sea la situación, más probable será que nos abracemos o nos tomemos de las manos.

Esto es un testimonio en cuanto al poder que tiene el toque físico para comunicar amor. En un momento de crisis, más que cualquier otra cosa, necesitamos sentir que nos aman. No siempre podremos cambiar los acontecimientos, pero podremos sobrevivirlos si nos sentimos amados.

Todos los matrimonios pasan por crisis. Algunas las podemos prever; otras no. La muerte de los padres es algo inevitable. Los accidentes automovilísticos lesionan y matan a miles de personas cada año. Las enfermedades no hacen acepción de personas. Las desilusiones son parte normal de la vida. Lo más importante que puedes hacer por tu esposa en un momento de crisis es amarla. Si su lenguaje primario en el amor es el toque físico, nada habrá más importante que abrazarla mientras ella llora. Tus palabras podrán valer muy poco, pero tu toque físico le va a comunicar que la amas.

Las crisis nos proporcionan oportunidades únicas para expresar amor. Es vital que aproveches esas oportunidades. La delicadeza de tu toque físico se recordará largo tiempo después que pase la crisis. En cambio, tu falta de toque físico nunca se olvidará.

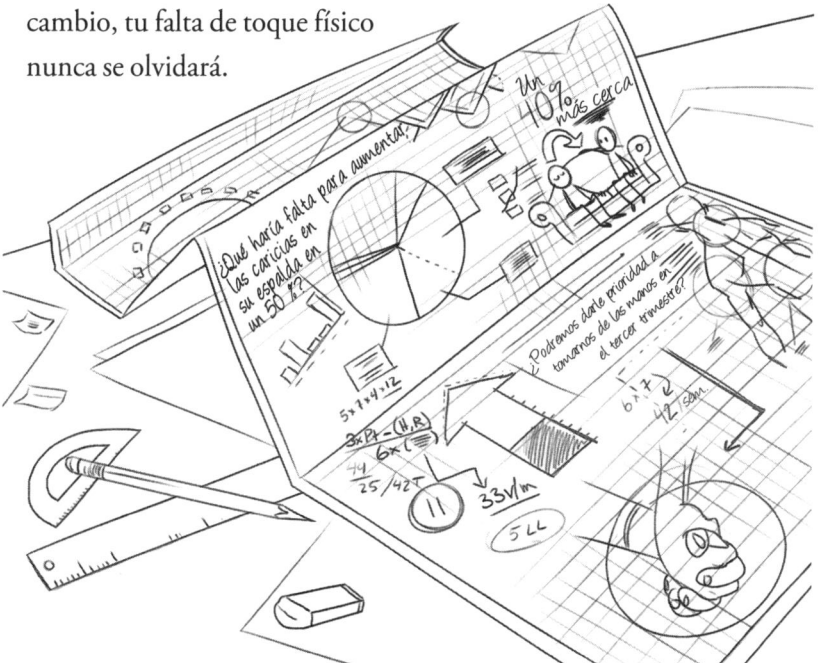

LIBRO DE FRASES SOBRE TOQUE FÍSICO

Piensa en esto como un kit inicial o como un recurso de emergencia, para comunicarte en el lenguaje para el amor del toque físico. Si te atascaste por una idea de cómo mostrarle amor táctil a tu esposa, prueba una de estas sugerencias:

- **Haz del toque a tu esposa una parte normal de tu rutina.** Acarícialе el cabello con los dedos mientras ella está leyendo. Tócale un hombro cuando trabaja en la cocina. Con el tiempo, hasta los actos más pequeños pueden crear intimidad.

- **Hazte el propósito de abrazar y besar a tu esposa** cuando te despidas en la mañana, cuando regreses a casa por la tarde y antes de acostarte por la noche. Es fácil ir abandonando poco a poco esos rituales, en particular cuando llevan ya un buen tiempo de casados.

- Cambia tus patrones y rutinas usuales para **favorecer el que haya más toque físico entre tu esposa y tú.** Si cada uno de ustedes tiene una silla especial, mueve la tuya cerca a la de ella, de manera que se puedan alcanzar con el brazo. De vez en cuando, cambien de lado en la cama. La incomodidad que produce la nueva distribución presenta la probabilidad de llevarlos a unas oportunidades inesperadas de tener un toque físico.

- Si ustedes dos se suelen sentar uno frente al otro en un restaurante, la próxima vez consigue un lugar reservado y **siéntense uno junto al otro.** Si tienen por costumbre sentarse uno al lado del otro, la próxima vez siéntense uno frente al otro y dedíquense a jugar un poco con los pies por debajo de la mesa.

- Aparten una noche para hacer algunos experimentos de toque físico **que determinen dónde más le agrada a tu esposa que la toques.** Mientras vas pasando de un lugar a otro, pídele que te lo indique con el pulgar hacia arriba, hacia abajo o de lado con indiferencia, para indicarte cuál fue su reacción. Toma nota mental de los lugares donde ella puso el pulgar hacia arriba.

- Busca páginas web, DVD y libros que enseñen **diversas técnicas para el masaje corporal.** Experimenta para ver qué métodos disfruta más tu esposa.

- **Recuerda tus primeras citas como novios y la emoción que causaban unos toques físicos** a los que quizá ahora los des por sentado. La próxima vez que te encuentres a solas con tu esposa, trata de reavivar esa emoción original.

- La próxima vez que vayas a comprarle algo a tu esposa, **busca cosas que apelen a su naturaleza táctil:** cosas que son agradables al tacto, como un abrigo de cachemira, un almohadón afelpado o unas zapatillas suaves.

- La próxima vez que ella se sienta enferma, **recuerda el poder sanador del toque físico.** Cuando le duela la cabeza, ofrécete para frotarle el cuello y las sienes. Cuando tenga catarro o gripe, frótale con frecuencia la frente.

- Si tienen niños, enséñales a mostrarle amor a mamá mediante el toque físico. Crea en tu hogar la tradición de que toda la familia se tome de las manos para orar. **Anima a tus hijos a ser generosos con sus abrazos.** Mientras más a menudo les sirvas de modelo en cuanto a una conducta física de afirmación hacia tu esposa, lo más probable es que sigan tu ejemplo.

- Durante un período determinado, **comunícate con tu esposa usando solo el toque físico.** No digas nada mientras derrochas sobre ella tus atenciones físicas.

- Cuando ella esté vuelta de espaldas hacia ti en la cama, **escríbele mensajes cortos en la espalda** para ver si ella puede entender lo que le escribes. (Por ejemplo: «Te amo» va a obtener una reacción mucho mejor que «Hay que pasar la aspiradora»).

¿Cuáles son los lenguajes que hablas?

Quizá tuvieras un momento de revelación la primera vez que le diste un vistazo a la lista de los cinco lenguajes del amor. Tal vez leyeras el capítulo sobre las palabras de afirmación o los actos de servicio y dijeras: «¡Bingo! ¡Ese soy yo!», o bien: «Esa es *de seguro* mi esposa».

Por otra parte, es posible que *no* fuera de esta manera.

Para muchas personas, el descubrimiento de un lenguaje primario del amor, ya sea el de su esposa o el suyo propio, es todo un reto. Las pistas no siempre son tan obvias como esperaríamos. No nos debería sorprender. Al fin y al cabo, somos seres complejos. Tenemos una notable diversidad de intereses. Reaccionamos ante toda clase de estímulos. No hay razón alguna por la que nadie *debiera* esperar conocernos de inmediato.

Como resultado de esa complejidad, muchas parejas operan bajo suposiciones falsas cuando se trata de los lenguajes del amor. ¿Cuántas esposas tienen gavetas llenas de joyas, de animales de peluche, de ropa interior con encajes y de otros regalos que les dieron sus esposos en la seguridad de que les harían ver que las amaban? ¿Cuántos esposos se encogen de vergüenza al recordar unas palabras de afirmación que no sirvieron de nada? ¿Cuántos cónyuges siguen albergando resentimiento por causa de unos actos de servicio que pasaron inadvertidos? ¿Cuántos «agradecen» lo que su cónyuge trata de hacer pero en secreto desearían un poco *menos* de tiempo de calidad o de toque físico?

¿EL LENGUAJE OFICIAL DEL AMOR PARA LOS HOMBRES?

De igual manera, ¿cuántas personas bien intencionadas se engañaron a sí mismas, y a sus cónyuges, cuando se trata de su *propio* lenguaje del amor? Los hombres somos susceptibles en especial a engañarnos a nosotros mismos en este aspecto por una sencilla razón.

S-E-X-O.

La mayoría de los hombres admiten que disfrutan el acto sexual... muchísimo. Es más, lo disfrutan tanto que dan por sentado que el toque físico es su lenguaje primario del amor, y su dialecto es la relación sexual. Parece lógico, ¿no es cierto?

No forzosamente.

Como recordarás sin duda de las clases de salud, el apetito sexual de los varones tiene una base física. El deseo de relaciones sexuales se estimula por la acumulación del líquido seminal en las vesículas seminales. Cuando las vesículas seminales están llenas, se siente un impulso físico para la liberación de ese líquido. Por lo tanto, el deseo de relaciones sexuales en el varón tiene una raíz física. No se relaciona de manera forzosa con el lenguaje que utilice en el amor.

Si no tienes la certeza de si el toque físico es tu principal lenguaje en el amor, piensa si fuera del dormitorio disfrutas del toque con las manos. ¿Sientes que aumenta tu energía cuando se toman de las manos, se frotan la espalda y se acarician con afecto? Si no, es posible que el toque físico no sea tu lenguaje para el amor.

El apetito sexual es muy diferente a la necesidad emocional de sentirse amado. Eso no quiere decir que las relaciones sexuales carezcan de importancia para la persona que habla en un lenguaje que no sea el del toque físico. Es de suma importancia. No obstante, solo por sí mismas, las relaciones sexuales no satisfarán la necesidad que tiene un esposo de sentirse amado. Su esposa debe hablar también su mismo lenguaje emocional primario en el amor.

Cuando su esposa habla su principal lenguaje en el amor y su tanque emocional de amor está lleno, y él habla el lenguaje primario de ella en el amor y el tanque emocional de ella también está lleno, lo más probable es que el aspecto sexual de su relación se manifieste solo. La mayoría de los problemas sexuales en el matrimonio tienen poco que ver con las técnicas físicas, sino que tienen una relación total con la satisfacción de las necesidades emocionales.

CONÓCETE A TI MISMO

Entonces, ¿cuál *es* tu lenguaje primario del amor? ¿Qué hace sentirte más amado por tu esposa? ¿Qué deseas por encima de todo lo demás? Si la respuesta a esas preguntas no te viene a la mente de inmediato, trata de buscarla por un camino diferente.

Piensa en el uso *negativo* de los lenguajes del amor. ¿Qué hace o dice tu esposa, o *deja* de hacer o decir, que te hiere en lo profundo? Tus respuestas serán instructivas. Si, por ejemplo, tu mayor sufrimiento lo causan las palabras de crítica o de juicio de su parte, tu lenguaje primario en el amor podría ser el de palabras de afirmación.

Tiene sentido, ¿no es cierto? Si tu esposa usa de manera negativa tu lenguaje primario del amor, es decir, si hace lo opuesto de lo que deseas, te producirá un sufrimiento más profundo que el que le podría hacer a cualquier otra persona. No solo se descuida de hablar en tu lenguaje primario del amor, sino que lo usa, en realidad, como un arma en tu contra.

Si te duele en lo profundo que tu esposa te dé muy raras veces un regalo por alguna ocasión, tal vez tu

PALABRAS DE AFIRMACIÓN
«Si alguna vez ella me elogiara de verdad, es probable que moriría de la sorpresa».

lenguaje primario del amor es el de regalos. Si lo que más te duele es que tu esposa muy raras veces te dé tiempo de calidad, parece razonable suponer que el tiempo de calidad es tu lenguaje primario del amor.

Otra manera de descubrir tu lenguaje primario en el amor consiste en recordar los tiempos pasados en tu matrimonio y preguntarte: «¿Qué le he pedido a mi esposa con mayor frecuencia?». Es muy probable que la respuesta revele cuál es tu lenguaje primario del amor. Aunque de vez en cuando tu esposa interpretara tus peticiones como molestias, en realidad constituyen tu esfuerzo por asegurarte el amor emocional de ella. De igual manera, lo que tu esposa te pide con mayor frecuencia te podría estar indicando cuál es su lenguaje primario del amor.

TIEMPO DE CALIDAD
«Tal parece que ella tiene tiempo para todo el mundo, menos para mí».

ACTOS DE SERVICIO
«¿Por qué tengo que ser yo el único a quien le importe lo limpia que esté la cocina?».

Otra manera de descubrir tu lenguaje primario en el amor consiste en examinar qué haces o dices *tú* para expresarle amor a tu esposa. Lo más probable es que estés haciendo por ella lo que quisieras que ella hiciera por ti. Si estás realizando muy a menudo actos de servicio para tu esposa, tal vez ese sea (aunque no siempre) *tu* lenguaje del amor. Si sientes como

REGALOS
«Ella viajó hasta Washington DC y no me trajo siquiera una horrible camiseta del equipo de los Nacionales».

manifestaciones de amor las palabras de afirmación, es probable que las uses para hablarle tu amor a tu esposa. Así, podrías descubrir tu propio lenguaje primario del amor, al preguntarte: «¿Cómo le expreso de manera consciente mi amor a mi esposa?».

TOQUE FÍSICO
«¿Tengo algún tipo de enfermedad de la piel o algo parecido?».

Este enfoque solo te proporcionará una posible pista en cuanto a tu lenguaje del amor. No se trata de un indicador con un valor absoluto. Por ejemplo, el esposo que aprendió de su padre a manifestarle amor a su esposa mediante buenos regalos, expresa el amor que le tiene a su propia esposa al hacer lo mismo que su padre. Con todo, los regalos no son su lenguaje primario del amor. Todo lo que hace es lo que su padre le enseñó a hacer.

Habla por ti mismo

«Cada vez que recuerdo los últimos diez años de mi matrimonio y me pregunto qué es lo que más le he pedido a Peter, se hace obvio mi lenguaje del amor. Una y otra vez, le he preguntado si nos podríamos ir a hacer una merienda en el campo, tomarnos un fin de semana juntos, lejos de todo, apagar la televisión solo por una hora para conversar los dos, irnos juntos a dar una caminata, y cosas por el estilo. Me he sentido descuidada y poco amada porque son raras las veces que él ha respondido de manera positiva a mis peticiones. Me ha dado unos magníficos regalos por mi cumpleaños y se ha preguntado por qué no me he emocionado con ellos».

Elizabeth

Sigue el sonido de la crítica

Los esposos tienden a criticarse entre sí con mayor fuerza en los aspectos donde ellos mismos tienen la mayor necesidad emocional. Sus críticas son una forma poco eficaz de suplicar amor. Si comprendemos esto, tal vez nos ayudaría a procesar las críticas de una manera más productiva.

Le podrías decir a tu esposa después que te haga una crítica: «Tal parece que esto es muy importante para ti. ¿Me podrías explicar por qué te parece tan crucial?». Es frecuente que las críticas necesiten una aclaración. El hecho de comenzar una conversación de este tipo podría terminar convirtiendo la crítica en una petición, en lugar de ser una exigencia.

Digamos que Kristina critica a su esposo Jeff porque se va de cacería, lo cual resulta ser su pasatiempo favorito. Ella sabe que lo relaja y le da una oportunidad muy necesaria de pasar tiempo al aire libre... y con sus amigos. Sin embargo, ella se queja de lo mismo cada vez que tiene una oportunidad. En realidad, exagera la cantidad de tiempo que él pasa de caza y dice que nunca pasa esa cantidad de tiempo con ella.

Lo cierto es que su crítica quizá no sea una expresión de su desagrado por la caza. En su lugar, ella podría estar culpando a la caza como lo que impide que Jeff le pase la aspiradora a la casa o corte el césped del patio. Cuando Jeff aprenda a satisfacer la necesidad de amor que tiene ella, aprendiendo a hablar su lenguaje emocional en el amor (los actos de servicio), es probable que Kristina comience a apoyarlo en su pasión por la caza.

DEMASIADO CERCA PARA DISTINGUIRLOS

Si hay dos lenguajes del amor que te parecen iguales, es decir, si ambos te hablan con fuerza, es posible que seas bilingüe. Si así es, le estarás haciendo la situación mucho más fácil a tu esposa. Le estarás dando dos opciones para llenar tu tanque del amor, puesto que cualquiera de las dos te comunicará su afecto de una manera poderosa.

Si prefieres romper un aparente empate, o definir de una manera más precisa tu lenguaje del amor, te aconsejaríamos que hicieras el «Perfil de los cinco lenguajes del amor» que aparece cerca del final del libro. Medita con sumo cuidado las respuestas. Una vez que termines, comenta tus resultados con tu esposa. Pídele que te dé su impresión. ¿Reconoce ella en ti ese lenguaje del amor?

Entonces, ¡pídele que ella haga también el perfil!

Si el perfil no arroja una respuesta definitiva, no te des por vencido. He descubierto que hay dos clases de hombres que podrían presentar dificultades en cuanto a descubrir su lenguaje primario del amor. El primero es el hombre cuyo tanque emocional de amor ha estado lleno durante mucho tiempo. Su esposa le ha expresado su amor de tantas maneras diferentes que no está seguro sobre cuál de esas formas es la que lo hace sentir más amado. Pobre hombre. Todos deberíamos tener ese tipo de problema.

El segundo es el hombre cuyo tanque de amor ha estado vacío durante tanto tiempo que ni siquiera se acuerda de lo que le hace sentir amado. Las circunstancias que lo llevaron a tan lastimero estado varían de una persona a otra. No obstante, lo que estas personas tienen en común es la seguridad de que su situación no tiene por qué ser permanente. Los lenguajes del amor no desaparecen; solo se quedan en un estado latente a la espera de que se vuelvan a descubrir.

La mejor manera de redescubrir tu lenguaje del amor es recordando la experiencia que tuviste cuando te enamoraste y preguntarte: «¿Qué me gustó de mi esposa en esos días? ¿Qué hizo o dijo que me hizo sentir el deseo de estar con ella?». Si puedes traer a tu mente esos recuerdos, tendrás alguna idea sobre cuál es tu lenguaje primario del amor.

Una vez que tengas eso presente, permíteme que te sugiera también que dediques algún tiempo a escribir cuál es el que consideras tu lenguaje primario del amor. Luego, haz una lista de los otros cuatro lenguajes del amor por orden de importancia. Escribe también cuál crees que es el lenguaje primario de tu esposa en el amor. (También, si quieres, puedes hacer una lista de los otros cuatro por orden de importancia). Pídele a tu esposa que ella haga lo mismo. Siéntense juntos y conversen acerca del lenguaje sobre el que cada uno de ustedes llegó a la conclusión de que es el lenguaje primario del otro en el amor. Entonces, revelen cuál es el que cada uno de ustedes considera como su lenguaje primario en el amor.

EL JUEGO DE LA MEDICIÓN DEL TANQUE

NÚMERO DE JUGADORES: Dos (tu esposa y tú)

FRECUENCIA: Jueguen tres veces por semana durante tres semanas

REGLAS DEL JUEGO: Por la noche, cuando los dos estén en casa, tu esposa comienza el juego preguntándote: «En una escala del cero al diez, ¿cómo está tu tanque de amor esta noche?». El cero significa que está vacío; el diez significa: «Estoy lleno de amor y ya no me cabe más». Tú haces una lectura a tu tanque emocional de amor: 10, 9, 8, 7, 6, 5, 4, 3, 2, 1 o 0, indicando cuán lleno está.

Tu esposa pregunta: «¿Qué puedo hacer para llenarlo?». Entonces, le das una sugerencia; algo que desearías que hiciera o dijera esa noche. Ella deberá responder lo mejor que pueda a tu petición.

A continuación, le haces las mismas preguntas a tu esposa, de manera que los dos tengan la oportunidad de medir sus tanques de amor y hacer sugerencias para llenarlos.

Si juegan así durante tres semanas, se acostumbrarán al juego, y este se puede convertir en una manera juguetona de estimular las expresiones de amor en su matrimonio.

Una de las mejores maneras de confirmar sus hallazgos es jugando con tu esposa a algo llamado la Medición del Tanque.

¿HACIA DÓNDE VAMOS A PARTIR DE AHORA?

Como mencionamos antes en el libro, casi todas las personas se casan con alguien cuyo lenguaje primario en el amor sea diferente al suyo. Si ese es el caso contigo y esposa, dediquen algún tiempo a hablar acerca de sus diferencias.

Digamos que tu lenguaje primario en el amor es el toque físico y que el de tu esposa es tiempo de calidad. ¿Qué significa esto? Comiencen su conversación en el nivel más práctico. Entre otras

cosas, significa que tu esposa se sentiría más cómoda mostrándote amor al andar siempre contigo, haciendo las cosas que haces tú. Y eso significa que tú te sentirías más cómodo mostrándole amor a tu esposa mediante besos, abrazos, caricias y masajes en la espalda. Detengan un instante la conversación.

Ustedes han hablado de lo que les sería más cómodo a los dos. Lo lamentable es que lo cómodo para cada uno de ustedes no causaría un impacto en el otro. A fin de llegar a dominar el lenguaje del amor de tu esposa, debes salir de tu zona de comodidad. Y tu esposa debe hacer lo mismo contigo.

Dar esos pasos, de poner las necesidades de tu esposa por delante de tu propia comodidad, es ya en sí un acto de amor. Le demuestras que estás dispuesto a hacer todo lo que sea necesario para que la relación entre ustedes sea mejor y más fuerte, y para hacer que ella se sienta espectacularmente amada.

Es vital que tengas presente siempre ese sacrificio, esa disposición a salir de tu zona de comodidad, cada vez que te sientas enojado o frustrado con los intentos de tu esposa por comunicarse contigo a través de tu lenguaje en el amor. Recuerda que no es su lengua nativa. Lo que ha hecho es aventurarse a salir de su zona de comodidad para ir a tu encuentro.

Se deben mostrar aprecio y gratitud.

Tal vez no siempre sea algo bonito. Quizá no siempre sea eficaz. Aun así, es genuino.

Mientras más libertad de acción y mayor comprensión se den entre sí al tratar de aprender cada uno el lenguaje del otro en el amor, mayor será el éxito que tendrán.

De un vistazo: Descubrimiento de tu lenguaje del amor

Si no tienes tiempo para leer todo el capítulo ahora mismo, he aquí la información clave que necesitas, en una forma más que concisa. Para identificar tu lenguaje primario en el amor, hazte estas tres preguntas:

1. ¿Qué hace o deja de hacer tu esposa que te hiere en lo más profundo? Es probable que lo que más te hiera sea lo contrario a tu lenguaje del amor.
2. ¿Qué le has pedido con mayor frecuencia a tu esposa? Es posible que esa sea la cosa que más te haría sentir amado.
3. ¿De qué forma le sueles expresar tu amor a tu esposa? Tu método para expresarle amor quizá sea el que también te hace sentir amado.

La solución de problemas

En un mundo ideal, una pareja descubriría el lenguaje del amor del otro en su primera cita. Entonces, mientras madura su relación, también lo haría su comunicación y aprecio mutuo. Sus esfuerzos por llegar a hablar con fluidez en el lenguaje del otro coincidirían con su enamoramiento. Al llegar la hora de contraer matrimonio, ambos serían bilingües en sus lenguajes del amor.

Como quizá ya notaras, no vivimos en un mundo ideal. Vivimos en un mundo donde los Yanquis de Nueva York pueden ganar veintisiete campeonatos mundiales en ochenta y seis años, y los Cachorros de Chicago se pueden pasar más de cien años sin ganar *uno solo*.

Dejando aparte el béisbol, la realidad en muchas parejas es que permiten que sus sentimientos de romance, emoción y enamoramiento los lleven al matrimonio antes de tener una oportunidad de considerar cada uno el lenguaje del otro para el amor. A partir de allí, la agitación y las presiones de la vida diaria les dejan poco tiempo o poca energía para aprender. Así que hacen lo que pueden: se mantienen dentro del lenguaje que conocen, y esperan lo mejor.

Lo lamentable es que la esperanza es una pobre defensa contra las numerosas cuestiones que tienen por delante:

enojos

errores

frustraciones

temores

insatisfacción

aburrimiento

incompatibilidad

tentaciones

remordimientos

problemas

Con el tiempo, las parejas descubren que mantenerse dentro de lo que ya conocen solo resulta por algún tiempo (si, de hecho, resulta alguna vez). Hagan lo que hagan, sus mejores esfuerzos nunca parecen lo bastante buenos. Su cónyuge nunca parece sentirse satisfecho. El enamoramiento que los llevó al altar se desvaneció, dejando atrás a dos personas que se parecen muy poco a los tortolitos con los ojos llenos de estrellas que aparecen en las fotos de su boda.

Tanto si lo dicen con palabras o no, los esposos y las esposas que quieren evitar el divorcio y mantenerse unidos tienen que enfrentarse aún a una decisión. **Su primera opción es disminuir sus expectativas y aceptar el nuevo *statu quo*.** Pueden optar por vivir con los rendimientos decrecientes de su relación y mantenerse unidos por una serie de razones.

Se mantienen juntos por el bien de sus hijos..

Mantenerse casados significa menos molestias y gastos que separarse.

En realidad, no pueden decir que se *odian* el uno al otro.

Quieren evitar un gran cambio en sus vidas, lo cual puede ser temible.

Su segunda opción es averiguar lo que anda mal en la relación y esforzarse para que sea mejor. Negarse a conformarse con el *statu* *quo*. Hallar formas nuevas y creativas de comunicarse amor y afecto entre sí.

LA DECISIÓN DIFÍCIL

La segunda opción es la mejor, pero de seguro que no es la más fácil, en especial si ya la relación ha quedado dañada. Por supuesto, todos los matrimonios tienen sus altibajos. En algunos, sin embargo, los puntos altos no son tan altos como la pareja se los imaginaba, y los puntos bajos son considerablemente más bajos y largos de lo que pensaron jamás que fuera posible.

Con el tiempo, esos puntos bajos, así como los incidentes y las circunstancias que los causaron, pueden causar estragos. Los enojos, desacuerdos y errores del pasado se convierten en obstáculos para la intimidad. El daño producido por la metralla de las batallas emocionales anteriores puede crear en los cónyuges el sentimiento de que están demasiado heridos para hablar acerca de cómo les fue el día, mucho menos tratar de comunicarse en un lenguaje del amor que no les resulta conocido.

Con sus tanques de amor vacíos por completo, o caminando solo con los vapores que les quedan dentro, los cónyuges permiten que se asienten el resentimiento y la ira. Entonces, la pregunta adecuada es: ¿cómo se abrirán paso a través de los campos minados emocionales que han creado juntos?

¿Cómo empezar a enfrentarse a años de palabras llenas de cólera, decisiones lamentables, cuestiones sin resolver y resentimientos silenciosos?

Deciden hacerlo.

De la misma manera en que decidieron antes poner allí esos obstáculos... *decidieron* hablar palabras llenas de crítica; *decidieron* permitir que sus emociones ocupen el asiento del conductor; *decidieron* poner otras prioridades por delante de su relación, ahora pueden decidirse por el amor.

> **Las palabras adecuadas**
>
> Digamos que tomaste algunas decisiones de las que no te sientes orgulloso, aunque te parecieron justificadas en su momento. Digamos que esas decisiones estén causando estragos en tu relación. ¿Qué puedes hacer? ¿Qué puedes decir?
>
> En primer lugar, reconoce que no estás obligado a seguir tomando esas decisiones. Puedes optar por algo diferente, algo más beneficioso para tu matrimonio.
>
> En segundo lugar, ármate de valor y dile a tu esposa: «Lo siento. Sé que te he hecho daño, pero me gustaría hacer que el futuro fuera diferente. Me gustaría amarte en tu lenguaje. Me gustaría satisfacer tus necesidades». Son incontables los matrimonios que he visto rescatar del borde del divorcio cuando la pareja toma la decisión de amar.

El amor no borra el pasado, pero puede hacer diferente el futuro. Cuando tomamos la decisión de manifestar de forma activa el amor en el lenguaje primario de nuestra esposa, creamos un clima emocional donde nos podremos enfrentar a nuestros conflictos y fracasos del pasado.

¿ADÓNDE FUE A PARAR NUESTRO AMOR?

Brent se sentó en mi oficina, impertérrito y al parecer insensible. No vino por su propia iniciativa, sino porque se lo pedí yo. Una semana antes, su esposa, Becky, estuvo sentada en la misma silla, llorando. Entre sus accesos de lágrimas, se las arregló para explicarme que Brent le dijo que ya no la amaba y que la abandonaría. Estaba devastada.

Cuando recuperó su compostura, dijo: «Ambos hemos trabajado muy fuerte en nuestras profesiones en los dos o tres últimos años. Sabía que no pasaríamos mucho tiempo juntos como solíamos, pero pensaba que trabajábamos para alcanzar una meta común. No podía creer lo que me decía. Siempre ha sido una persona muy bondadosa y afectuosa. Es un buen padre para nuestros hijos. ¿Cómo es posible que nos haga esto?».

La escuché mientras me describía sus doce años de matrimonio. Era una historia que había escuchado antes muchas veces. Tuvieron un noviazgo emocionante, se casaron en el punto más alto de su enamoramiento, tuvieron los ajustes típicos en los primeros días de su matrimonio y se dedicaron a perseguir el sueño americano. A su debido tiempo, descendieron de ese punto alto emocional que es el enamoramiento, pero no aprendieron a hablar lo suficiente cada cual en el lenguaje de amor del otro. Durante los últimos años, ella había vivido con un tanque de amor solo lleno a medias, pero había recibido suficientes expresiones de amor para que le hicieran pensar que todo marchaba bien.

El tanque de amor de Brent, en cambio, estaba vacío. Su aspecto externo presentaba un fuerte contraste con el de Becky. Ella estuvo llorando, pero él se mostraba impasible. No obstante, tuve la impresión de que derramó sus lágrimas durante semanas antes, o tal vez meses, y que su llanto fue interior. La historia que me relató Brent confirmó mi corazonada.

«En realidad, ya no la amo», me dijo. «Hace mucho tiempo que dejé de amarla. No la quiero herir, pero estamos alejados. Nuestra relación se ha convertido en algo vacío. Ya no disfruto cuando estoy a su lado. No sé lo que pasó. Quisiera que las cosas fueran distintas, pero no siento nada por ella».

Brent pensaba y sentía lo que una infinidad de esposos han pensado y sentido a lo largo de los años. Se trata de la mentalidad de «Ya no la amo» la que les da a los hombres libertad emocional para buscar el amor en alguna otra persona. Lo mismo les sucede a las esposas que usan esta excusa.

CUANDO DOS PERSONAS SE ENAMORAN

Simpaticé con Brent porque pasé por lo mismo que él: ese sentimiento de estar emocionalmente vacío, deseando hacer lo que es adecuado, no queriendo herir a nadie, pero sintiéndome empujado por mis necesidades emocionales a buscar amor fuera del matrimonio. Por fortuna, yo descubrí en los primeros años de mi matrimonio la diferencia entre el enamoramiento y la «necesidad emocional» de sentirse amado. En nuestra sociedad, la mayoría no conoce aún esa diferencia.

El enamoramiento es prácticamente instintivo. No es premeditado; solo se produce dentro del contexto normal de las relaciones entre un hombre y una mujer. Se puede fomentar, o apagar, pero no surge de una decisión consciente. Dura poco, casi siempre dos años o menos, y parece tener en los seres humanos la misma función que el llamado al apareamiento tiene en el ganso canadiense.

No es posible hacer planes para enamorarse de alguien. Solo puedes dejarte llevar por los sentimientos.

El enamoramiento satisface de manera temporal nuestra necesidad emocional de amar. Nos da la sensación de que hay alguien al que le importamos; que alguien nos admira y nos aprecia. Nuestras emociones se elevan con el pensamiento de que hay otra persona que nos ve como el esperado, y que está dispuesta a dedicar tiempo y energía a nuestra relación de una manera exclusiva. Durante un breve período, por mucho que dure, nuestras necesidades emocionales quedan satisfechas. Tenemos el tanque lleno. Podemos conquistar el mundo. Son muchos los que por primera vez viven con un tanque emocional lleno, y esto les causa euforia.

No obstante, con el pasar del tiempo, bajamos de ese punto elevado natural al mundo real. Si nuestra esposa aprende a hablar en nuestro lenguaje primario del amor, seguirá satisfaciendo nuestra necesidad de amor. En cambio, si no habla nuestro lenguaje del amor, nuestro tanque se irá vaciando poco a poco, y nos dejaremos de sentir amados.

Sin duda alguna, la satisfacción de esa necesidad en un cónyuge es una decisión. Si aprendo el lenguaje emocional de mi esposa para el amor y lo hablo con frecuencia, ella se seguirá sintiendo amada. Cuando ella descienda de la obsesión del enamoramiento, casi ni lo echaremos de menos porque su tanque emocional de amor se seguirá llenando. En cambio, si yo no he aprendido su lenguaje primario para el amor, o he decidido no utilizarlo, cuando ella descienda de su punto alto emocional sentirá una añoranza natural en cuanto a unas necesidades emocionales insatisfechas. Después de algunos años de vivir con un tanque de amor vacío, es probable que «se enamore» de otra persona y que el ciclo comience de nuevo.

La satisfacción de las necesidades de mi esposa en cuanto al amor es una decisión que yo renuevo todos los días. Si conozco su lenguaje primario en el amor y decido hablarlo, satisfaré sus necesidades emocionales más profundas y ella se sentirá segura en mi amor. Si ella hace lo mismo conmigo, satisfará mis necesidades emocionales, y los dos viviremos con un tanque de amor lleno. En un estado de contentamiento emocional, ambos pondremos nuestras energías en proyectos ajenos al matrimonio, a la vez que seguimos haciendo que nuestra relación mutua sea emocionante y creciente.

FUNCIONAMIENTO EN VACÍO

Con todo esto en mente, volví a mirar al impasible rostro de Brent y me pregunté si lo podría ayudar. En mi corazón, sabía que lo más probable es que ya se hubiera enredado en otra experiencia de enamoramiento. Me preguntaba si estaría en las etapas iniciales o si estaría en su punto culminante. Pocos hombres que sufren de un tanque emocional de amor vacío dejan su matrimonio mientras no tienen la esperanza de satisfacer esa necesidad en algún otro lugar.

Brent fue sincero y me reveló que hacía varios meses que estaba enamorado de otra persona. Había esperado que desaparecieran esos sentimientos y que pudiera arreglar la situación con su esposa. Sin embargo, la situación en su hogar había empeorado y su amor por la otra mujer había ido en aumento. Había alcanzado el punto en el que no se podía imaginar el prescindir de su nueva amante.

Comprendía a Brent en su dilema. Era sincero al afirmar que no quería herir a su esposa ni a sus hijos, pero al mismo tiempo sentía que se merecía una vida de felicidad. Le presenté las funestas estadísticas sobre los segundos matrimonios. Él se sorprendió al escucharlas, pero estaba seguro de que todo le iba a salir bien. Le hablé acerca de las investigaciones sobre los efectos del divorcio en los hijos, pero él estaba convencido de que iba a seguir siendo un buen padre con sus hijos y que ellos superarían el trauma del divorcio. Le hablé acerca de las cuestiones a las que se refiere este libro y le expliqué la diferencia entre experimentar un enamoramiento y tener una profunda necesidad emocional de sentirse amado. Le expliqué los cinco lenguajes del amor y lo exhorté a darle otra oportunidad a su matrimonio.

Durante todo ese tiempo, sabía que mi enfoque intelectual y razonado del matrimonio, comparado con las altas emociones que él estaba experimentando, era algo así como enfrentarse a un arma automática con una pistola de perdigones. Él expresó su agradecimiento por mi preocupación y me pidió que hiciera todo lo posible por ayudar a Becky, pero declaró que no veía esperanza alguna para su matrimonio.

Un mes más tarde, recibí una llamada de Brent. Me pidió hablar conmigo de nuevo. Esta vez, cuando entró a mi oficina, lo noté muy perturbado. Ya no era el hombre calmado y frío que había visto antes. Su amante había comenzado a descender del punto elevado de sus emociones y estaba observando en Brent unas cosas que no le agradaban a ella. Se estaba retirando de su relación y él se sentía destrozado. Los ojos se le llenaron de lágrimas cuando me dijo lo mucho que ella significaba para él y lo insoportable que era experimentar su rechazo.

Lo escuché durante toda una hora antes que él me pidiera consejo. Le dije que entendía mucho su sufrimiento y le indiqué que eso que experimentaba era la angustia emocional natural ante una pérdida, y que esa angustia no desaparecería de la noche a la mañana. Sin embargo, le expliqué que esa experiencia era inevitable. Le recordé que el enamoramiento es una experiencia temporal y que, tarde o temprano, siempre descendemos desde el punto más elevado hasta el mundo real. Hay quienes dejan este enamoramiento antes de casarse; otros, después de casarse. Él estuvo de acuerdo en que era mejor ahora que más tarde.

Al rato, le sugerí que tal vez esa crisis fuera un buen momento para que él y su esposa recibieran consejería matrimonial. Le recordé que el amor emocional verdadero y perdurable es una decisión, y que ese amor emocional podía renacer en su matrimonio si él y su esposa aprendían a amarse entre sí usando los lenguajes adecuados del amor. Él aceptó la consejería matrimonial.

Pasemos ahora a nueve meses más tarde. Brent y Becky salieron de mi oficina con un matrimonio renovado. Cuando vi a Brent tres años después, me dijo que tenía un matrimonio maravilloso, y me dio las gracias por ayudarlo en un momento tan crucial de su vida. Me dijo que hacía más de dos años que había desaparecido la angustia por la pérdida de su amante. Sonrió y dijo: «Mi tanque de amor nunca había estado tan lleno, y Becky es la mujer más feliz que usted podrá encontrar en toda su vida».

Por fortuna para Brent y su matrimonio, él tuvo un encuentro con lo que llamo el desequilibrio en la experiencia del enamoramiento. Es decir, **casi nunca dos personas se enamoran en el mismo día, y casi nunca se desenamoran tampoco en el mismo día.** No hay que ser un experto en ciencias sociales para reconocer esa verdad. Basta con escuchar música country durante una hora. Lo que sucedió era que la amante de Brent se desenamoró de él en un momento oportuno.

APRENDAMOS CÓMO SON LAS COSAS

En los nueve meses en que aconsejé a Brent y Becky, resolvimos numerosos conflictos que ellos nunca habían resuelto antes. Aun así, **la clave para la renovación de su matrimonio fue que cada uno de ellos descubrió el lenguaje primario del otro en el amor y tomó la decisión de hablarlo con frecuencia.**

«¿Qué sucede si el lenguaje del amor de mi cónyuge es algo que no se me da de manera natural?».

Es frecuente que me hagan esta pregunta en mis seminarios sobre el matrimonio. Mi respuesta es esta: «¡No pasa nada!».

El lenguaje de mi esposa en el amor es el de actos de servicio. Una de las cosas que hago para ella a menudo como manifestación de amor es pasar la aspiradora a los pisos. ¿Acaso crees que aspirar los pisos es algo que me viene de manera natural? Mi madre me solía poner a aspirar los pisos. Durante todo el tiempo de la secundaria y del instituto, no pude ir a jugar béisbol los sábados mientras no hubiera terminado de pasarle la aspiradora a toda la casa. En esa época, me decía: «Cuando salga de aquí, hay una cosa que nunca más voy a hacer: no le voy a pasar la aspiradora a mi casa. Voy a buscar la forma de que lo haga mi esposa».

Sin embargo, ahora le paso la aspiradora a mi casa, y lo hago con frecuencia. Y solo hay una razón para que le pase la aspiradora a mi casa. El amor. Por mucho que me quisieran pagar, no le pasaría la aspiradora a una casa, pero sí lo hago por amor. Verás, cuando una acción no es natural en ti, es una expresión mayor aún de tu amor. Mi esposa sabe que cuando le paso la aspiradora a la casa no es más que por un amor cien por cien puro y sin otros motivos, ¡y me atribuye el mérito de haberlo hecho!

Tal vez alguien diga: «Pero Dr. Chapman, eso es diferente. Sé que el lenguaje del amor de mi esposa es el toque físico, pero yo no soy muy amigo de ese lenguaje. Nunca vi abrazarse a mi padre y a mi madre. Nunca me abrazaron a mí. No me programaron de esa manera. ¿Qué puedo hacer?».

¿Tienes dos manos? ¿Las puedes juntar? Imagínate ahora que tienes en el medio a tu esposa y atráela hacia ti. Te apuesto lo que quieras a que si abrazas a tu esposa tres mil veces, te vas a comenzar a sentir cómodo al hacerlo.

Al fin y al cabo, **nuestra comodidad no es lo que importa.** Estamos hablando del amor, y el amor es algo que uno hace por otra persona; no algo que uno hace por sí mismo. Casi todos nosotros hacemos cada día muchas cosas que no nos salen con «naturalidad». En algunos de nosotros, esa lista comienza por el acto de levantarnos de la cama por la mañana. Vamos contra nuestros sentimientos y salimos de la cama. ¿Por qué? Porque creemos que hay algo valioso que hacer ese día. Y, por lo general, antes que termine el día nos sentimos bien por habernos levantado. Nuestras acciones preceden a nuestras emociones.

Lo mismo sucede con el amor. Cuando descubres el lenguaje primario de tu esposa en el amor, tomas la decisión de hablarlo, tanto si te sale natural y cómodo, como si no. Tal vez no tengas sentimientos afectuosos y emocionantes mientras lo haces, pero eso está bien. Solo que decidiste hacerlo para beneficio de ella. Quieres satisfacer las necesidades emocionales de tu esposa, así que sales de ti mismo para hablar el lenguaje de ella en el amor. Al hacerlo, estarás llenando su tanque emocional de amor, y existe la posibilidad de que ella te corresponda y hable tu lenguaje. Cuando ella lo haga, volverán tus emociones, y tu tanque de amor comenzará a llenarse.

El amor es una decisión. Y cualquiera en la pareja puede comenzar el proceso hoy.

¿Cómo pueden superar juntos la ira?

La ira, si no se controla, puede interrumpir el fluir de los lenguajes del amor de forma indefinida. Antes de poderle comunicar un amor y un afecto genuinos a tu esposa, necesitas

- eliminar los detonantes que causan los conflictos;
- crear un plan eficaz para lidiar con la ira cuando levante la cabeza.

En este capítulo, hallarás los recursos, las estrategias y el aliento necesarios que te ayudará a ti y a tu esposa a resolver sus sentimientos de ira... y a fortalecer su relación en el proceso.

«Ni siquiera recuerdo haberme enojado antes de casarme». Aunque es posible que Dan haya estado recordando sus años de soltero cuando lo veía todo color de rosa, de una cosa sí estaba seguro: Sarah lo provocaba a ira. «Cuando ella dice ciertas cosas o me lanza *esas miradas*, me pongo furioso».

Las sarcásticas preguntas de Sarah lo incomodaban. Me pregunto cuál puede ser la reacción de un hombre cuando su esposa le pregunta: «¿Por fin vas a cortar el césped o tengo que llamar a mi padre para pedirle que venga a cortarlo?».

Y eso ni siquiera era lo peor de todo en lo que respecta a Dan. A veces, Sarah ladeaba la cabeza de cierta manera y se le quedaba mirando. «Esa mirada es peor que mil palabras de condenación», me dijo Dan en confianza. «Lo que veo en sus ojos es esto: "Lamento haberme casado contigo"».

Dan estaba airado porque Sarah golpeaba su autoestima, un punto vulnerable en particular. **Muchos queremos caer bien, que nos acepten, nos aprecien y nos respeten. Así que, cuando nos critican, tendemos a reaccionar a la defensiva.** Sarah podría alegar que critica la *conducta* de Dan y no su persona. Sin embargo, como nuestra conducta es una extensión de quienes somos, a la mayoría de nosotros, incluyendo a Dan, nos es difícil hacer esa distinción. Algo desde lo más profundo del interior de Dan decía: «No es bueno que mi esposa me menosprecie así».

El tono de la voz de Sarah indicaba a las claras que también estaba airada. Había llegado a la conclusión de que Dan no hacía lo que en justicia le correspondía hacer en la casa. Desde su punto de vista, el césped seguía creciendo, mientras él iba al gimnasio. Él veía la televisión mientras ella sacaba la basura.

Esa no era exactamente la idea que tenía de un esposo amoroso.

La situación de Dan y Sarah dista mucho de ser única. Todas las parejas casadas se tienen que enfrentar a cuestiones relacionadas con la ira. Y es normal. **No hay nada de malo en que sintamos ira.** El problema es que muchas de esas parejas nunca han aprendido a procesarla de una manera productiva. En lugar de hacer esto, estallan en discusiones que todo lo que hacen es empeorar la situación. O bien sufren en silencio y se alejan el uno del otro.

¿Cuántos de nosotros le podemos echar una mirada a nuestra niñez y recordar salidas que se echaron a perder, no por el clima, sino por la ira mutua entre nuestros padres? ¿Cuántas fiestas de cumpleaños se echaron a perder a causa de una disputa entre unos padres que no aprendieron a resolver su ira? ¿Cuántos días festivos se convirtieron en días angustiosos a causa de una ira desbocada?

Lo lamentable es que casi todos los adultos casados nunca han aprendido a manejar la ira de una manera apropiada. Por consiguiente, el matrimonio se convierte en un campo de batalla donde cada uno de los esposos acusa al otro de haber disparado primero. Mientras la pareja no aprenda a manejar de una manera adecuada su ira, nunca tendrá un matrimonio satisfactorio. Sus esfuerzos por aprender cada uno el lenguaje de amor del otro nunca pagarán dividendos. Y digo *nunca* porque **el amor y la ira sin control no pueden coexistir.** El amor busca el bienestar del cónyuge, mientras que la ira fuera de control lo que trata de hacer es herir y destruir.

SEIS CLAVES PARA EL MANEJO DE LA IRA

Lo bueno de todo esto es que las parejas sí pueden aprender a manejar la ira de una manera responsable. Es más, lo deben aprender si quieren sobrevivir y prosperar. El proceso no es fácil, pero de seguro que los resultados valen el esfuerzo.

Lo dividiremos en seis pasos

1. **Reconozcan la realidad de la ira.**

> Uno de los regalos más amorosos que le puedes hacer a tu esposa es la libertad para sentir ira hacia ti.

Cuando dos personas llegan a ser una y tratan de crear juntas una vida, la ira es algo inevitable. Un poco de esa ira será *definitiva*, estimulada por una acción indebida por parte de uno de los esposos. Otro tanto se *distorsionará*, despertada por un malentendido con respecto a algo que sucedió. La pareja casada promedio experimenta siempre cierta cantidad de ambos tipos de ira. Esa ira solo es el subproducto de vivir la vida con un ser humano imperfecto.

No hay nada que sea inherentemente indebido desde el punto de vista moral con respecto a la ira. Solo es la evidencia de nuestra preocupación por la equidad y la justicia. **Cuando sentimos que algo es poco equitativo o injusto, nuestra**

reacción normal es la ira. No tenemos necesidad de condenarnos a nosotros mismos, ni tampoco a nuestra esposa, por haber sentido ira. Asimismo, no hay necesidad de negar que estemos airados. No tenemos que sentirnos avergonzados.

Cuando nos damos el uno al otro el derecho a sentirnos airados, en realidad nos damos el derecho de ser humanos. Este es el punto de partida para aprender a procesar la ira de una manera positiva.

2. Pónganse de acuerdo para reconocerse el uno al otro que están enojados.

Cuando estés enojado, dale a tu esposa el beneficio de saber lo que estás sintiendo (o si es ella la que está enojada, permítele que te diga cómo se siente). No jueguen al «Adivina lo que siento». Esos juegos de adivinación solo son una manera de perder el tiempo. Lo que es peor, raras veces presentan una respuesta acertada.

Si estás enojado con tu esposa, es porque ella hizo o dijo algo que tú crees inadecuado, o porque no hizo o dijo algo que esperabas tú.

En lo que respecta a ti, ella te hizo daño. Te trató con crueldad. De manera injusta.

Sin amor.

En ese momento, el suceso que hizo estallar tu ira se habrá convertido en una barrera entre los dos. Tu esposa merece saberlo. A ella no le es posible trabajar en un problema que desconoce.

Cada uno de los esposos merece saber que el otro está enojado y por qué lo está. Los esposos que se comprometan a darse entre sí esta información, han dado un gran paso hacia la solución de la ira de una manera productiva.

3. Acuerden que las explosiones verbales o físicas que atacan a la otra persona no son respuestas adecuadas a la ira.

La descarga poco saludable de la ira *siempre* es destructiva y no se debe aceptar como un comportamiento apropiado. Eso no quiere

decir que una vez que tu esposa y tú se pongan de acuerdo en esto, ninguno de los dos vuelva a perder la ecuanimidad. Lo que significa es que se comprometieron a reconocer que la reacción fue indebida. **Las expresiones explosivas de ira *siempre* empeoran las cosas.** Y es necesario limpiar los desechos emocionales producidos por esas explosiones antes de poderse enfrentar de manera constructiva con el incidente que provocó la ira.

Una manera práctica de romper el hábito es acordar que cada vez que uno de los dos comience a estallar, el otro saldrá de la habitación. Si el del estallido lo sigue, el cónyuge puede salir de la casa... al patio... a darle una vuelta a la manzana, si es necesario. Y seguirá fuera hasta que se acabe el estallido.

Si ambos aceptan esta estrategia, sabrán que cuando uno de los dos sale de la habitación, o de la casa, es hora de detenerse a reflexionar sobre lo que está sucediendo. Lo ideal es que cuando el cónyuge que se marcha vuelva de su caminata, el cónyuge airado se habrá calmado ya, y tendrá la humildad y la presencia de ánimo suficientes para decirle: «Lo siento. Estuvo mal que estallara en tu contra. Me imagino que yo estaría tan herido y tan enojado que perdí el control. Te ruego que me perdones». Si ustedes dos se pueden reconciliar después de esa falta momentánea de control, podrán hablar sobre el asunto que causó la ira en un principio.

4. Pónganse de acuerdo para buscar una explicación antes de emitir un juicio.

Si estás enojado con tu esposa, tu primera impresión será que su manera de comportarse es indebida. Solo asegúrate de tratarla como una primera impresión, y no como una realidad confirmada, hasta que escuches su versión de la historia. Es demasiado fácil interpretar mal las palabras o las acciones de alguien.

Digamos que tu esposa no llegó a casa con el litro de leche que le pediste que comprara, ni siquiera a pesar de que se lo escribiste en una nota para que se acordara. La reacción automática ante su olvido sería enojarte por su evidente irresponsabilidad. No obstante, ¿y si en la tienda se acabó la leche? ¿Y si ella llevó a una compañera de trabajo hasta su casa y no pasó frente a ninguna tienda? ¿Y si ella sabía que no necesitabas leche en la cena y pensaba comprarla cuando llevara a tu hija al gimnasio? Todas estas explicaciones son plausibles. Y **si te comprometiste a buscar una explicación, suspenderás tu juicio sobre su aparente irresponsabilidad hasta escuchar el punto de vista de ella.**

Rob acertó a escuchar que su esposa decía por teléfono que «él había llegado tarde» y que ella «no podía soportar las tardanzas».

Se sintió enojado porque él se esforzó al máximo para estar allí a tiempo y solo llegó dos minutos más tarde de lo debido. Cuando le pidió una explicación a su esposa, descubrió que en realidad ella hablaba del bebé de una amiga que nació con dos semanas de atraso. Así se evitó una crisis.

Si bien las acciones y las palabras están abiertas a los malentendidos, las motivaciones son más difíciles todavía de adivinar. Puesto que las motivaciones son internas, nunca podemos saber la razón por la que nuestra esposa hace algo, a menos que nos la diga ella. Lo lamentable es que a menudo le atribuimos a nuestra esposa unas motivaciones que están fuera por completo de lugar.

> **La próxima vez que estés convencido de que tu esposa hizo algo para enojarte, pregúntate si alguna vez estuviste equivocado en el pasado.**

Jonathan actuó con sabiduría cuando dijo: «Tal vez yo esté entendiendo mal esto, y por eso te pido una explicación. Me da la impresión de que hiciste una compra de trescientos dólares en Macy's con la tarjeta. Pensaba que habíamos acordado que ninguno de los dos gastaría más de cien dólares sin consultar al otro, hasta que tuviéramos controladas nuestras deudas». La respuesta de Bethany lo dejó estupefacto.

«Sí, cariño, te lo puedo explicar. Nuestro departamento en el trabajo fue en grupo a comprarle a Betty un regalo por su jubilación. Me pidieron que lo recogiera durante mi hora de almuerzo, puesto que me iba a reunir con Ginger en el centro comercial. Así que puse todo el gasto en mi Visa. Sin embargo, todos me dieron veinte dólares cada uno. Los tengo en mi bolso. Creo que tengo trescientos dólares». Mientras Jonathan contaba los trescientos dólares, su ira fue desapareciendo.

5. Pónganse de acuerdo en cuanto a buscar una solución.

En el caso de Jonathan y Bethany, la ira de Jonathan desapareció después que recibió la explicación de Bethany. Como es obvio, no todos los enojos son tan fáciles de resolver. Ni todos los incidentes resultan ser malentendidos. Supongamos que Bethany *hubiera roto* de veras su compromiso y hubiera hecho una compra de trescientos dólares después que acordaron que ninguno de los dos compraría nada que estuviera por encima de los cien dólares sin comentarlo con el otro. Supongamos que la explicación de ella hubiera sido: «Pero, cariño, estaba en oferta. Ahorré doscientos dólares y es algo que necesitamos. No se me ocurrió que no fueras a estar de acuerdo».

> Un rápido intercambio de las palabras «Te amo» después de una explosión de ira fortalece la relación y la protege de las riñas.

«Bueno, pues yo no estoy de acuerdo», le contestaría Jonathan. «Sería muy bueno tenerlo, pero en realidad no lo necesitamos. Nos ha ido bastante bien sin tenerlo. Y no nos podemos dar el lujo de añadir trescientos dólares a nuestras deudas. Hicimos un acuerdo y tú lo quebrantaste. Me parece que eso no es apropiado».

Esa clase de enfrentamiento amoroso y directo abre las puertas a toda clase de conversaciones constructivas y soluciones de problemas.

6. Pónganse de acuerdo en manifestarse su amor el uno al otro.

Después de resuelta la ira, díganse con toda sinceridad: «Te amo». Lo que en realidad se dicen es esto: «Yo no voy a permitir que este incidente nos separe». Como corresponde a las parejas, se escucharon el uno al otro, resolvieron el problema, aprendieron de la experiencia y acordaron seguir adelante juntos.

En situaciones donde se cometió algo indebido en realidad, como cuando uno de los esposos fue poco bondadoso, poco amoroso o injusto, lo que corresponde es que reconozca que actuó mal y cambie de conducta. Así es también el perdón desde el punto de vista del cónyuge que recibió el daño. En ese punto, la ira encendida por el incidente puede quedar inactiva de nuevo después de servir a su propósito, que es el de responsabilizar a ambos cónyuges en cuanto a su conducta.

Si la ira resulta distorsionada debido a un malentendido, se debe enfocar de otra manera. Después de enderezar las cosas, el cónyuge que llegó a una conclusión demasiado precipitada debe

ser lo bastante fuerte como para aceptar su error. Entonces, la pareja podrá hablar acerca de las circunstancias que llevaron a ese malentendido y sugerir distintas ideas para evitar que la misma situación se produzca en el futuro.

Hay pocas cosas más importantes para el éxito en el matrimonio que aprender a resolver la ira de una manera responsable. Creo que un compromiso genuino con esos seis principios te pondrá a ti y a tu esposa en el camino hacia un manejo responsable de la ira.

Por si necesitas más razones...

Las evidencias procedentes del mundo académico señalan que la ira puede ser peligrosa para la salud:

Un estudio hecho por la Universidad Estatal de Ohio reveló que una pelea de media hora entre marido y mujer puede añadir un día, o más, al tiempo que hace falta para que se sane una herida física.

Un estudio de Harvard declaró que los hombres de mayor edad inclinados a una ira explosiva tienen un riesgo triple de sufrir un ataque al corazón, en comparación con sus pares más serenos.

¿ES ESTE UN BUEN MOMENTO PARA HABLAR?

Permíteme terminar este capítulo con una sugerencia final. Escribe en una tarjeta las siguientes palabras:

En estos momentos me estoy sintiendo airado, pero no te preocupes. No te voy a atacar. Aun así, necesito tu ayuda. ¿Es este un buen momento para hablar?

Pon la tarjeta en el espejo de tu baño o en algún otro lugar accesible. La próxima vez que te sientas enojado con tu esposa, léele la tarjeta en voz alta lo más tranquilo que te sea posible. Si resulta que el momento no es el oportuno para hablar, fijen un momento para hacerlo más tarde.

En esta breve afirmación, reconoces que te sientes enojado, reafirmas tu compromiso de no estallar y expresas tu deseo de una explicación y una solución mediante una conversación.

Cuando se sienten a hablar del asunto, comienza diciendo: «Sé que es posible que se puede tratar de un malentendido de mi parte. Por eso quería hablar contigo. Déjame decirte lo que estoy sintiendo y por qué. Después, si puedes enderezar la situación, te lo agradecería, porque necesito ayuda para resolverla». El hecho de comenzar a hablar de esa manera crea una atmósfera sin amenazas en la que los dos pueden hablar de la situación.

La ira visita de vez en cuando a todos los hogares. Sin embargo, no tenemos por qué temer su llegada. **La ira puede ser una amiga.** Puede desempeñar un papel valioso en la relación entre ustedes. Puede unirte con tu esposa de una manera que no podría hacerlo ninguna otra emoción. Cada vez que ustedes dos se ponen a resolver un estallido de ira, fortalecen un poco más su relación.

SEIS PASOS PARA APACIGUAR UN ENFRENTAMIENTO AIRADO

La próxima vez que surja una situación que cause ira, trata de ir recorriendo estos pasos con tu esposa. Para una mayor eficacia, deben tener establecidos estos pasos en su relación antes de que se presente la situación.

1. **Reconozcan la realidad de la ira.** Tanto si tu ira es definitiva (legítima) o distorsionada, niégate a condenarte por el hecho de sentirla. Reconoce y admite que te sientes enojado. Recuerda que la ira en sí misma no es ni buena ni mala.

2. **Pónganse de acuerdo para reconocerse el uno al otro que están enojados.** Expresa con claridad tus sentimientos de ira cuando se manifiesten. No hagas que tu esposa tenga que adivinar basada en tu conducta. Tanto tú como ella merecen saber cuándo el otro está enojado y cuál es la causa de ese enojo.

3. **Pónganse de acuerdo en cuanto a que las explosiones verbales o físicas que atacan a la otra persona no son respuestas adecuadas a la ira.** Ambas formas de estallar solo sirven para empeorar las cosas.

4. **Pónganse de acuerdo para buscar una explicación antes de emitir un juicio.** Recuerda que tu primera impresión podría ser defectuosa. Es fácil malinterpretar las palabras y las acciones de tu esposa. Antes de apresurarte a llegar a una conclusión, busca el punto de vista de ella. Te podría dar una información valiosa que tú no tienes y que cambie tu manera de comprender la situación.

5. **Pónganse de acuerdo en cuanto a buscar una solución.** Con más información de parte de tu esposa, y una perspectiva más completa, estarás listo para hallar una solución que sea satisfactoria para ambos. La solución de los sentimientos de enojo podría exigir de tu esposa que admitiera haber actuado de manera indebida y un cambio en su conducta, si la actuación indebida es válida y definitiva. Si resulta que tu ira es la distorsionada o carente de motivos válidos, tú serías el que necesitaría admitir que actuaste mal y cambiar tu conducta.

6. **Pónganse de acuerdo en manifestarse el uno al otro su amor.**
Después que se resuelva la ira, proclámense mutuamente y con sinceridad el amor que sienten el uno por el otro.

10

El arte de la disculpa

¿Tienes una herramienta favorita en tu mesa de trabajo? ¿Una de esas que te agrada tener a mano? ¿Una que es a lo que acudes primero cuando tienes que hacer algún trabajo?

¿Qué tal de una táctica en la cancha de baloncesto? ¿Algo que guardas para la hora de la verdad cuando necesitas en realidad alterar al defensor o anotar una canasta? ¿Tal vez una maniobra del jugador para cambiar la dirección de la pelota en el semicírculo contiguo a la zona de tiro libre, o un paso atrás para meter una canasta de tres puntos?

O tal vez tengas una estrategia ofensiva en el ajedrez, una jugada estratégica que con frecuencia atrapa a tus oponentes desprevenidos.

La movida ofensiva apropiada puede arrancar la victoria de las garras de la derrota. Esa movida ofensiva apropiada puede significar la diferencia entre el éxito y el fracaso.

En los capítulos anteriores, hablamos acerca de los obstáculos que pueden deshacer tus planes de llegar a tener fluidez en el lenguaje primario de tu esposa para el amor... y enfriar los deseos de ella de adquirir fluidez en el tuyo.

Ustedes no tienen manera de prever las tentaciones y las frustraciones que van a amenazar su intimidad. Tampoco pueden hacer que desaparezcan las palabras fuertes que ya se dijeron. Es imposible volver atrás para deshacer los errores que ya cometieron.

Sin embargo, con una acción, una movida ofensiva, pueden dar un paso gigante hacia el fortalecimiento de su relación, la restauración de la intimidad y la creación de incentivos para aprender cada uno el lenguaje del otro.

Si tu objetivo es arreglar la situación con tu esposa, tu movida ofensiva consiste en pedirle disculpas.

Si se hace bien, una disculpa puede acabar con las tensiones, los conflictos y los sentimientos heridos que fueron motivo de dolor durante meses e incluso años. Puede **cambiar la forma en que tu esposa piensa acerca de ti;** la forma en que te mira. Puede **echar abajo barreras** con mayor rapidez de lo que podrían hacerlo todas las demás palabras o acciones

La cuestión es esta: ¿Qué hace falta para hacer bien una disculpa? **Lo que la mayoría de las personas busca en una disculpa es la sinceridad.** Quieren que la disculpa sea genuina. El problema está en que cada persona tiene una idea diferente de lo que constituye la sinceridad. Lo que una persona considera sincero no es lo que otra persona considera que lo sea.

En mis años de consejería y de conducción de seminarios para parejas casadas, he descubierto que de la misma forma que hay cinco lenguajes en el amor, **también hay cinco lenguajes de la disculpa.** Para la mayoría de la gente, uno o dos de esos lenguajes demuestran la sinceridad con mayor eficacia que los demás.

A fin de que tu esposa acepte tu disculpa, necesitas hablar el lenguaje o los lenguajes que ella considere que le expresan mejor tu sinceridad. Con esto en mente, démosle un vistazo a los cinco lenguajes de la disculpa.

> **¿Te agrada este capítulo? Te encantará el libro.**
> Si quieres saber más acerca de los cinco lenguajes de la disculpa, consíguete el libro *Los cinco lenguajes de la disculpa*, por Gary Chapman y Jennifer Thomas.
>
> En él, encontrarás comentarios que te harán reflexionar sobre la importancia de las disculpas en tu matrimonio, en tu familia y en tu lugar de trabajo, así como consejos prácticos sobre cómo perdonar a alguien que te haya agraviado, cómo perdonarte a ti mismo y cómo enseñarles a tus hijos a pedir disculpas.

PRIMER LENGUAJE DE LA DISCULPA: EXPRESAR ARREPENTIMIENTO

Expresar arrepentimiento es el aspecto emocional de una disculpa. El arrepentimiento se enfoca en lo que hiciste (o dejaste de hacer) y cómo afectó a la otra persona; en este caso, tu esposa. **Expresarle arrepentimiento a tu esposa es reconocer la culpa, la vergüenza y el dolor que sientes por la forma en que te comportaste que la hirió de una manera tan profunda.**

Si heriste en lo más profundo a tu esposa, ella querrá que sientas parte de su dolor. Eso no es forzosamente el rencor en acción. Solo se quiere asegurar de que *tú* sepas cómo se está sintiendo ella. Las palabras de genuino arrepentimiento proporcionan esa seguridad.

Un sencillo «Lo siento» puede lograr mucho en cuanto a restaurar la buena voluntad después de una ofensa. La ausencia de las palabras «Lo siento» serán tan notables para algunas personas como la camiseta del equipo de los Packers en un juego con los

> **Si no dijiste «Lo siento», no te disculpaste.**

«Sé que te hice sufrir. Me siento como un tonto por causarte ese dolor. De veras que lamento mucho lo que hice».

«Siento haber ofendido a tus padres, pero tú tampoco les muestras mucho respeto».

«Siento haber usado ese lenguaje contigo, pero yo nunca he dicho que fuera un santo».

«La última cosa que quiero hacer es desilusionarte. Debería haber sido más considerado. Lamento haberte hecho sentir de esa manera».

Bears en su propio estadio. Muy a menudo, el esposo que ofrece la disculpa no se da cuenta de que dejó fuera esas dos palabras mágicas. En cambio, puedes tener la seguridad de que su esposa sí se dará cuenta. Por eso **la mejor estrategia es empezar con esas dos palabras; comenzar cada disculpa con un sincero «Lo siento»**.

Por supuesto, la sinceridad se mide por algo más que palabras. Tu lenguaje corporal debe transmitir también tu arrepentimiento.

A Jim se le llenaron los ojos de lágrimas cuando se disculpó con su esposa.

Robert miró a su esposa a los ojos y le sostuvo la mirada fija cuando le expresó su arrepentimiento.

Sean movió la cabeza con enfado, puso los ojos en blanco y suspiró con fuerza cuando le dijo a su esposa: «Lo siento».

¿Adivinas que esposas no creyeron que su disculpa fuera sincera? Además de ser sincera, **la disculpa debe ser específica**. «Siento _____». Mientras más detalles des, mejor le comunicarás a tu esposa que comprendes la profundidad de lo que la disgustó. Mientras más lo comprendas tú, menos oportunidad habrá de repetir esa ofensa en el futuro.

Al hablar de manera específica, también le das a tu esposa la oportunidad de aclarar sus sentimientos. Si le dices: «Siento por hacer que llegáramos tarde al programa escolar», es posible que tu esposa te sorprenda diciéndote: «Eso no fue lo que me molestó. El sábado, cuando nos preparábamos para ir al cine, tú no dejabas de apurarnos a todos, diciéndonos que detestabas llegar tarde al cine. Me molesta que no pareces tener esa misma urgencia cuando se trata de las actuaciones de la banda de nuestros hijos».

Las palabras de sincero arrepentimiento deben estar también solas. **Bajo ninguna circunstancia le deben seguir la palabra** *pero* («Siento haberte dicho que me recuerdas a mi madre... *pero* algunas veces me sacas de mis casillas»). Cada vez que con palabras cambias la culpa hacia tu esposa, vas desde la disculpa al ataque. Los ataques nunca conducen al perdón ni a la reconciliación. De igual manera, siempre que a una disculpa le sigue una excusa («Siento haber programado un juego de golf en nuestro aniversario, pero tú eres mejor que yo para recordar esas cosas»), anulas la disculpa.

Si quieres que tu esposa sienta tu sinceridad, debes aprender a hablar el lenguaje de la disculpa que expresa arrepentimiento. Debes aprender a enfocarte en cómo tu conducta está relacionada con su dolor. Es probable que el reconocimiento de su dolor la inspire a perdonarte.

«Se cometió un error. Dejémoslo ahí».

«Lamento que estés enojada, pero no es como si yo no lo hubiera hecho antes. Así soy yo».

«Te hablé de una manera indebida. Me estaba tratando de justificar, y lo que dije fue desagradable y poco amoroso».

«Podría tratar de excusarme, pero no la hay. Sencilla y llanamente, lo que hice fue egoísta y malo».

SEGUNDO LENGUAJE DE LA DISCULPA: ACEPTAR LA RESPONSABILIDAD

¿Por qué es tan difícil para alguien decir: «Me equivoqué»? Con frecuencia, nuestra renuencia para la mala acción está atada a nuestro sentido de autoestima. Admitir nuestra equivocación se percibe como debilidad. Quizá razonemos: *Solo los perdedores confiesan. La gente inteligente trata de demostrar que sus acciones estuvieron justificadas.*

Así que racionalizamos. Le restamos importancia a lo que hicimos y nos enfocamos en por qué lo hicimos.

Esa racionalización toma muchas veces la forma de culpar a otros. Tal vez admitamos que lo que dijimos o hicimos no era forzosamente bueno ni adecuado. Sin embargo, señalaremos de inmediato que nuestra conducta se debió a las acciones irresponsables de alguna otra persona. Le pasamos la responsabilidad a algún otro porque encontramos difícil decir: «Me equivoqué».

Ese es un gran problema porque para **muchas personas, escuchar las palabras «Me equivoqué» es lo que les comunica que nuestra disculpa es sincera.** Si tu esposa cae en esa categoría, no aceptará tu disculpa como genuina, a menos que contenga palabras en las que aceptes la responsabilidad por tu mala conducta. La comprensión de esta realidad puede marcar una inmensa diferencia cuando quieras disculparte sinceramente por tu conducta.

«Mi esposo no admitirá nunca que hace algo malo. Solo lo encubre y no quiere hablar más del tema. Si lo saco a relucir de nuevo, me dice: «Yo no sé lo que hice. ¿Por qué no te limitas a olvidarlo?». Si pudiera admitir que actuó de manera indebida, yo estaría dispuesta a perdonarlo. En cambio, cuando actúa como si no hubiera hecho nada malo, me resulta de veras difícil pasarlo por alto. Solo quisiera escucharlo decir una vez: "Me equivoqué"».

Jenna

«Mi esposo, Michael, es el hombre más sincero que haya conocido jamás. Con eso no quiero decir que sea perfecto. Quiero decir que siempre está dispuesto a admitir sus fallos. Me imagino que por eso lo amo tanto, porque siempre ha estado dispuesto a decir: "Cometí un error. Estaba equivocado. ¿Me perdonas?". A mí me gustan las personas que están dispuestas a aceptar la responsabilidad por sus errores».

Lizzy

«Yo nunca oí a mi padre disculparse con mi madre ni conmigo. Me parecía que era hipócrita. En la comunidad le reconocían como un hombre exitoso, pero en mi mente era un hipócrita. Me imagino que por eso siempre he pedido disculpas cuanto antes, y he estado

«No me parece suficiente con decirte "Lo siento". Quiero reparar el mal que te hice. ¿Qué considerarías apropiado?».

«Sé que he desperdiciado tu tiempo. ¿Te podría dar parte de mi tiempo para equilibrar un poco las cosas?».

«¿Por qué no dejas ya el tema? ¡Si hasta te compré flores! ¿Eso no es suficiente?».

«Si no te basta con que te diga "Lo siento", ya no sé qué decirte».

dispuesto a admitir mis fallos. Quiero que mis relaciones sean genuinas, y sé que eso no puede pasar si no estoy dispuesto a admitir que me equivoqué».

Mike

Para estas personas y muchas otras, escuchar el lenguaje de disculpa de aceptar la responsabilidad por la conducta equivocada de uno es la parte más importante de una disculpa. Es lo que convence a estas personas de que la disculpa es sincera. Como lo dijo alguien: «"Lo siento" no es suficiente. Quiero saber que comprendió que estaba equivocado».

Si tu esposa es alguien que se hace eco de ese sentimiento, te vendrá muy bien aprender a dominar el lenguaje de la disculpa de aceptar la responsabilidad.

TERCER LENGUAJE DE LA DISCULPA: RESTITUIR

La idea de «arreglar las cosas» después de hacer algo indebido se halla muy grabada en nuestra psiquis humana. Tanto en nuestro sistema judicial como en nuestras relaciones interpersonales influye de manera profunda esta idea fundamental. En los últimos años, el sistema judicial de Estados Unidos ha insistido más en el concepto de reparación por concepto de daños la idea de que los delincuentes y los criminales deben compensar a sus víctimas por los daños causados por su conducta delictiva. En lugar de limitarse a pasar un tiempo en prisión, al criminal se le exige que compense por los daños a la persona afectada.

La idea de la reparación por concepto de daños está basada en la sensación innata en el ser humano de que **cuando se hizo un daño, se debe «pagar»**. Ese concepto es también la base del tercer lenguaje de la disculpa: Restituir.

En la esfera privada del matrimonio, nuestro deseo por restitución se basa casi siempre en nuestra necesidad por amor. **Después que nos hirieron en lo profundo, necesitamos la seguridad de que el cónyuge que nos hirió todavía nos ama.** Las palabras violentas o las acciones hirientes ponen el amor en tela de juicio.

«¿Cómo es posible que me hicieras esto?», es la pregunta que sigue presente en nuestra mente. Quizá no basten las palabras «Lo siento; me equivoqué». Queremos conocer la respuesta a la pregunta: «¿Todavía me amas?».

Para ciertas personas, la restitución es el lenguaje primario de la disculpa. En lo que respecta a las mismas, a ese «Lo siento» lo debe acompañar algo como: «¿Qué puedo hacer para demostrarte que aún te amo?». Sin este esfuerzo de restitución, cuestionarán la sinceridad de la disculpa. Seguirán sintiendo que no las aman, sin importar las muchas veces que uno diga: «Me equivoqué».

¿Y qué esperan?

«Espero alguna forma de contrición, pero también un esfuerzo sincero por enmendar los daños causados por la desavenencia».

«Espero que él trate de reparar lo que salió mal».

«Espero que ella lo sienta de verdad, de corazón, y esté dispuesta a hacer bien las cosas».

Todas estas personas veían el esfuerzo por hacer restitución como la evidencia más fuerte de que la disculpa era sincera. La pregunta es: ¿Cómo logramos que la restitución sea de la forma más eficaz posible? Puesto que la clave de la restitución es devolverle a tu esposa la seguridad de que la amas genuinamente, **es esencial que expreses la restitución en su lenguaje primario del amor.**

Para algunas personas, las palabras de afirmación, el que se les diga lo maravillosas o increíbles que son a la vez que se les da la disculpa, es toda la restitución que necesitan.

Para otras personas, los actos de servicio, como aspirar el piso de la casa, lavar los platos o lavar la ropa, les demuestran la sinceridad de una disculpa.

Para varias personas, los regalos, algo que les muestre que pensamos en ellas, dicen «Lo siento« como ninguna otra cosa.

Para algunas personas, el tiempo de calidad, darles tu total atención mientras te disculpas, es suficiente restitución.

Para otras personas, nada les habla de manera más profunda del amor como el toque físico. Para ellas, una disculpa sin toque físico no es sincera.

Cualquiera que sea el lenguaje de tu esposa en el amor, ten esto presente: **Una disculpa genuina la deberá acompañar el deseo de reparar el mal que cometimos, hacer enmiendas por el daño hecho y asegurarle a tu esposa que tu preocupación por ella es legítima.**

«Lo siento. Sé que dije eso antes, pero esta vez es en serio. Créeme».

«Sé que mi conducta te hirió mucho. No lo quiero volver a hacer jamás. Estoy dispuesto a escuchar cualquier idea que quizá tengas sobre cómo puedo cambiar mi conducta».

«Te desilusioné al cometer de nuevo el mismo error. ¿Qué te haría falta para que comenzaras a recuperar tu confianza en mí?».

«Lo siento. No obstante, si las cosas que hago te siguen ofendiendo, tal vez tú seas la única que necesita cambiar. ¿Alguna vez has pensado en eso?».

CUARTO LENGUAJE DE LA DISCULPA: ARREPENTIRSE GENUINAMENTE

«Nosotros tenemos siempre la misma discusión por las mismas cosas». La mujer que me habló de estos detalles llevaba casada cerca de treinta años. «Me parece que esto sucede en la mayoría de las parejas. Lo que más me incomoda no es lo que hace; es que lo hace una y otra vez. Se disculpa. Promete no volverlo a hacer. Entonces, lo hace de nuevo, ya sea dejar encendida la luz del baño, o ser gruñón y desagradable. Ya no quiero más disculpas. Quiero que deje de hacer las cosas que me molestan... para siempre».

Esta mujer quería que su esposo se arrepintiera.

La palabra *arrepentimiento* significa «dar media vuelta» o «cambiar de manera de pensar». En el contexto de una disculpa en tu matrimonio, eso significa que te das cuenta de que tu conducta actual es destructiva. Lamentas el sufrimiento que le causas a tu esposa, y decides cambiar tu conducta.

Arrepentirse es más que decir: «Lo siento. Estaba equivocado. ¿Cómo te puedo compensar?». Arrepentirse es decir: «Trataré de no hacerlo de nuevo». Hay personas a las que el arrepentimiento es lo que las convence de que una disculpa es sincera.

Sin el arrepentimiento genuino, los otros lenguajes de la disculpa podrían estar cayendo en oídos sordos. Lo que quieren saber las personas afectadas es: «¿Intentas cambiar o esto pasará de nuevo la semana que viene?».

El lenguaje de arrepentirse genuinamente es el que hace que la gente describa una disculpa ideal como esta:

«Demuéstrame que estás dispuesto a cambiar, y haz las cosas de otra forma la próxima vez».

«Espero que él encuentre la manera de impedir que esto vuelva a suceder».

«Espero un cambio de conducta, de modo que no vuelva a haber insultos».

«Quiero que él tenga un plan para mejorar, un plan para tener éxito y no caer de nuevo».

«Espero que no tenga un arrebato de ira unos minutos más tarde o que vuelva a hacer la misma cosa otra vez».

Estas y otras innumerables declaraciones revelan que para muchas personas, el arrepentimiento está en la esencia de una verdadera disculpa.

Entonces, ¿cómo hablamos el lenguaje del arrepentimiento? **Comienza expresando que se tiene la intención de cambiar.** Todo verdadero arrepentimiento comienza en el corazón. Reconocemos que está mal lo que hicimos, que nuestras acciones hirieron a la persona que amamos. No queremos continuar con esta conducta, así que decidimos que vamos a cambiar. Luego, le expresamos esta decisión a la persona que ofendimos; en este caso, nuestra esposa.

Esta decisión de cambiar indica que ya no inventaremos excusas. No le restaremos importancia a nuestra conducta, sino que aceptaremos toda la responsabilidad por nuestras acciones.

Cuando le hablas a tu esposa acerca de tu intención de cambiar, le comunicas lo que tienes en tu interior. Le permites ver lo que llevas en el corazón. Y con frecuencia eso basta para convencerla de que eres sincero en lo que dices.

QUINTO LENGUAJE DE LA DISCULPA: PEDIR PERDÓN

Pedir perdón es importante por tres razones. En primer lugar, **indica que quieres ver restaurada tu relación.** Ron y Nancy llevan quince años de casados, y Ron reconoce que su lenguaje primario de la disculpa es el de pedir perdón. «Cuando me pide que la perdone, sé que no anda buscando que olvidemos lo pasado. Lo que quiere es que nuestra relación sea auténtica. Aunque diga otras cosas cuando me pida una disculpa, sé que cuando llega al punto en el que me pide que la perdone es totalmente sincera. Por eso me resulta fácil perdonarla. Sé que valora nuestra relación más que todas las demás cosas. En realidad, eso me hace sentir bien».

Cuando se produce una ofensa, esta crea de inmediato una barrera entre los cónyuges. Hasta que no se elimine esa barrera, la relación no podrá avanzar. La disculpa es un intento por quitar la barrera. Si descubres que el lenguaje primario de tu esposa es pedir perdón, esta es la manera más segura de eliminar la barrera. Esto es lo que le indica que sientes un deseo genuino de ver restaurada la relación.

Una segunda razón por la que pedir perdón es importante está en que **indica que te diste cuenta de que hiciste algo indebido;**

«La última vez consideré esto: solo Dios tiene el poder para perdonar. Dije que lo sentía. Si eso no basta, no sé qué te pueda decir».

«Siento que te hablara de esa forma. Sé que te grité y fui demasiado fuerte. No te merecías algo así. Estuvo muy mal lo que hice, y quiero pedirte que me perdones».

«Quisiera que dejaras de jugar a hacerte la víctima. Así que te sentiste herida. ¡Pobrecita! La vida sigue adelante. ¡Supéralo!».

«Sé que te hirió muy hondo lo que te dije. Tienes todo el derecho a no volverme a dirigir la palabra jamás, pero estoy de veras arrepentido de lo que hice. Y espero que puedas buscar en tu corazón para perdonarme».

que ofendiste a tu esposa, de manera intencional o no. Lo que dijiste o hiciste, tal vez no fuera malo en lo moral. Lo hiciste o dijiste en broma. Aun así, ofendió a tu esposa. Ahora, ella te lo echa en cara. Esa ofensa ha creado un distanciamiento entre ustedes dos. En ese sentido, cometiste un error, y lo que te corresponde es pedir perdón; en especial, si este es el lenguaje primario de tu esposa en cuanto a las disculpas. Pedir perdón equivale a admitir la culpa. Indica que sabes que te mereces cierto grado de condenación o castigo.

En tercer lugar, **pedir perdón indica que estás dispuesto a poner el futuro de tu relación en las manos de tu esposa**, la persona ofendida. Admites tu equivocación. Expresas tu arrepentimiento. Quizá hasta te ofrezcas a rectificar. Entonces, ahora dices: «¿Me perdonas?».

Sabes que no puedes responder por tu esposa esa pregunta. Es una decisión que ella debe hacer. Perdonar o no perdonar, esa es la cuestión. Y el futuro de sus relaciones depende de la decisión suya. Esto quita el control de tus manos, algo que para muchos es difícil aceptar.

Pedir perdón en palabras después de expresar una disculpa utilizando alguno de los otros lenguajes de la disculpa, muchas veces es la llave que abre las puertas a la posibilidad del perdón y de la reconciliación. Muy bien podría ser el único elemento de tu disculpa que tu esposa espere escuchar.

«¿Me perdonas, por favor?» es el ingrediente que la convence de que eres sincero de veras en tu disculpa. Sin la petición de perdón, tus declaraciones tales como «Lo siento», «Me equivoqué», «Trataré de ganarme tu favor» y «Nunca más lo volveré a hacer» quizá le parezcan comentarios simplistas. Si pedir perdón es el lenguaje primario de la disculpa para tu esposa, debes aprender a hablarlo si quieres que ella sepa que tu disculpa es genuina.

PALABRAS FINALES

El arte de la disculpa no es un arte fácil. No forma parte de la naturaleza de la mayoría de las personas, aunque todas lo pueden aprender. Y vale la pena hacer el esfuerzo. La disculpa es algo que abre un mundo nuevo por completo de salud emocional y espiritual. Cuando nos disculpamos, somos capaces de mirarnos al espejo... y mirar a nuestras esposas a los ojos.

Recuerda, es más probable que se perdonen de verdad a quienes se disculpan con sinceridad.

*Para conseguir en línea una guía de
estudio en inglés, visita*
www.5lovelanguages.com

Preguntas frecuentes

1. ¿Qué tal si no puedo descubrir mi lenguaje primario del amor?

«He tomado el "Perfil de los cinco lenguajes del amor" y mis resultados salen casi iguales, excepto para *regalos*. Sé que no es mi lenguaje primario del amor. ¿Qué debo hacer?».

En el libro, analizo tres métodos para descubrir tu lenguaje del amor.

- Primero, observa cómo casi siempre les expresas amor a otros. Si haces actos de servicio a otros con regularidad, este quizá sea tu lenguaje del amor. Si eres consecuente, afirmando a las personas con palabras, es probable que tu lenguaje del amor sea palabras de afirmación.

- Segundo, de qué te quejas casi siempre. Cuando le dices a tu esposa: «No creo que alguna vez me tocaras si yo no tomo la iniciativa», revelas que el toque físico es tu lenguaje del amor.

Cuando tu esposa se va de compras a la ciudad y le dices: «¿No me trajiste nada?», estás indicando que recibir *regalos* es tu lenguaje. La declaración: «Nosotros nunca pasamos tiempo juntos», indica el lenguaje del amor de *tiempo de calidad*. Tus quejas revelan tus íntimos deseos. (Si tienes dificultad recordando de lo que te quejas con más frecuencia, te sugiero que se lo preguntes a tu esposa. Ella lo sabrá).

- Tercero, piensa en lo que le pides más a menudo a tu esposa. Si dices: «¿Me puedes dar un masaje en la espalda?», le pides el toque físico. «¿Crees que podríamos salir un fin de semana este mes?» es una petición por tiempo de calidad. «¿Te sería posible limpiar tu armario esta tarde?» expresa tu deseo por actos de servicio.

Un esposo me dijo que descubrió su lenguaje del amor al seguir el sencillo proceso de eliminación. Sabía que recibir regalos no era su lenguaje, así que solo le quedaban cuatro. Se preguntó: «Si tuviera que renunciar a uno de los cuatro, ¿cuál abandonaría primero?». Su respuesta fue tiempo de calidad. «De los tres restantes, si tuviera que abandonar otro, ¿a cuál renunciaría?». Concluyó que, aparte de la relación sexual, renunciaría al toque físico. Podía vivir sin las palmaditas, los abrazos y sin tomarse de las manos. Estos dejaban los actos de servicio y las palabras de afirmación. Aunque apreciaba las cosas que hacía su esposa por él, sabía que sus palabras de afirmación eran lo que le daban vida en realidad. Podía pasarse un día entero con uno de sus comentarios positivos. Eso es lo mucho que significaban para él. No demoró mucho en concluir que su lenguaje primario del amor era palabras de afirmación y su lenguaje secundario del amor era actos de servicio.

2. ¿Qué tal si no puedo descubrir el lenguaje primario del amor de mi cónyuge?

«Mi esposa no ha leído el libro, pero hemos hablado sobre los lenguajes del amor. Dice que no sabe cuál es su lenguaje del amor».

Mi primera sugerencia es darle a tu esposa un ejemplar de Los cinco lenguajes del amor: *El secreto del amor que perdura*. Si lo lee, es muy probable que desee hablar contigo acerca de su lenguaje del amor. No obstante, si no tiene tiempo ni interés para leer el libro, te sugeriría que respondas las variaciones de las tres preguntas que analizamos en el primer interrogante.

- ¿Cómo tu esposa les expresa casi siempre el amor a otros?
- ¿De qué se queja con más frecuencia?
- ¿Qué pide más a menudo?

Aunque las quejas de tu esposa te irriten de vez en cuando, te dan una información valiosa en realidad. Si tu esposa dice: «Nosotros jamás pasamos tiempo juntos», quizá te sientas tentado a responderle: «¿Qué quieres decir? Fuimos a cenar el jueves por la noche». Tal declaración tan defensiva terminará la conversación. No obstante, si respondes: «¿Qué quieres que hagamos?», es probable que obtengas una respuesta útil. Las quejas de tu esposa son los indicadores más poderosos del lenguaje primario del amor.

Otro método es hacer un experimento de cinco semanas. La primera semana, enfócate en uno de los cinco lenguajes del amor y procura hablarlo cada día. Observa la respuesta de tu esposa. El sábado y el domingo, relájate. La segunda semana, de lunes a viernes, enfócate en otro de los lenguajes del amor. Continúa con un lenguaje diferente cada una de las cinco semanas. En la semana que estés hablando el lenguaje primario del amor de tu esposa, lo más probable es que notes una diferencia en su semblante y en la manera de responderte. Será obvio que este es su lenguaje primario del amor.

3. ¿Cambia tu lenguaje primario del amor a medida que tienes más edad?

Creo que nuestro lenguaje primario del amor tiende a quedarse con nosotros para toda la vida. Es igual que muchos otros rasgos de la personalidad que se desarrollan temprano y se mantienen constantes. Por ejemplo, es probable que una persona muy organizada fuera organizada en la niñez. Una persona que es más tranquila y relajada quizá fuera así desde la niñez. Este es el caso de numerosos rasgos de la personalidad.

Sin embargo, existen ciertas situaciones en la vida que hacen los otros lenguajes del amor muy atractivos. Por ejemplo, tu lenguaje primario del amor quizá sea palabras de afirmación, pero si tienes dos empleos, los actos de servicio de tu esposa tal vez sean muy atractivos para ti. Si te da solo palabras de afirmación y no te brinda ayuda con las responsabilidades del hogar, es posible que comiences a pensar: «Estoy cansado de escucharte decir "Te amo" cuando nunca mueves un dedo para ayudarme». Durante el tiempo en el que trabajes en dos empleos, tal vez parezca que los actos de servicio se han convertido en tu lenguaje primario del amor. No obstante, si terminan las palabras de afirmación de tu esposa, en seguida te darás cuenta de que estas siguen siendo tu lenguaje primario del amor.

Si experimentas la muerte de un padre o un amigo cercano, un largo abrazo por parte de tu esposa podría ser lo más significativo para ti en esos momentos... aunque tu lenguaje primario del amor no sea el toque físico. Hay algo en todo esto que sucede en medio del dolor que comunica que nos aman. Así que a pesar de que el toque físico no es tu lenguaje primario del amor, puede ser muy significativo en ciertas ocasiones.

4. ¿Da resultado el concepto de los cinco lenguajes del amor en los niños?

Por supuesto que sí. Dentro de cada niño hay un tanque del amor emocional. Si los niños sienten que sus padres los aman, crecerán con normalidad. No obstante, si sus tanques del amor están vacíos, crecerán con muchas luchas internas. Lo más probable es que durante los años de la adolescencia busquen amor, a menudo en los lugares equivocados. Por esa razón, es de suma importancia que los padres aprendan cómo amar a sus hijos de manera eficiente. Hace algún tiempo, me asocié con el psiquiatra Ross Campbell y escribimos el libro *Los cinco lenguajes del amor de los niños*. El libro está escrito para los padres y se diseñó para ayudarlos a descubrir el lenguaje primario del amor del niño. Además, analiza cómo ese lenguaje del amor interactúa con el enojo y el aprendizaje del niño y la disciplina.

Uno de los puntos que elaboramos en el libro es que los niños necesitan aprender la manera de recibir y dar amor en los cinco lenguajes. Esto genera un adulto saludable en lo emocional. Por lo tanto, a los padres se les anima a darles grandes dosis del lenguaje primario del amor del niño, rociado con los otros cuatro con regularidad. Cuando los niños reciben amor en los cinco lenguajes, a la larga aprenderán cómo dar amor en los cinco lenguajes.

5. ¿Cambian los lenguajes del amor de los niños cuando llegan a la adolescencia?

Un padre dijo: «Leí el libro *Los cinco lenguajes del amor de los niños*, y nos ayudó de veras en la crianza de nuestros hijos. Sin embargo, ahora nuestro hijo es adolescente. Hacemos las mismas cosas que siempre hemos hecho, pero tal parece que no da resultado. Me pregunto si ha cambiado su lenguaje del amor».

No creo que el lenguaje del amor del niño cambie a los trece años de edad. Sin embargo, debes aprender nuevas maneras para hablar el lenguaje primario del amor del niño. Todo lo que hiciste en el pasado, el adolescente lo considera infantil y no quiere tener nada que ver con eso.

Si el lenguaje del amor del adolescente es el toque físico y lo has estado abrazando y besando en la mejilla, quizá te aparte y diga: «Déjame en paz». Eso no significa que no necesite el toque físico; quiere decir que esos toques en particular los considera infantiles. Ahora debes hablar el toque físico en dialectos más adultos, tales como un codazo por el costado, darle con el puño en el hombro o una palmada en la espalda. O quizá luchar con el adolescente en el suelo. La peor cosa que puedes hacerle a un adolescente cuyo lenguaje del amor es el toque físico es distanciarte cuando te dice: «No me toques».

Para más información relacionada con los adolescentes, lee *Los cinco lenguajes del amor de los jóvenes*.

6. ¿Qué tal si el lenguaje primario del amor de tu esposa es difícil para ti?

«No crecí en una familia dada al toqueteo y ahora descubrí que el lenguaje del amor de mi esposa es el toque físico. En realidad, es muy difícil para mí iniciarlo».

La buena noticia es que todos los lenguajes del amor se pueden aprender. Es cierto que casi todos nosotros crecimos hablando solo uno o dos de esos lenguajes del amor. Estos vendrán con naturalidad a nosotros y serán bastante fáciles de hablar. Los otros hay que aprenderlos. Como en todas las situaciones de aprendizaje, los pequeños pasos conducen a grandes ganancias.

Si el toque físico es el lenguaje de tu esposa y tú no eres uno que «toca» por naturaleza, comienza con pequeñas cosas como ponerle la mano en el hombro mientras le sirves una taza de café o darle una «palmadita amorosa» en el hombro mientras caminan. Esos pequeños toques empezarán a romper la barrera. El próximo toque será cada vez más fácil que el anterior. Puedes llegar a dominar el lenguaje del toque físico.

Lo mismo ocurre con los otros lenguajes. Si no eres una persona de palabras de afirmación y descubres que el lenguaje de tu esposa es palabras de afirmación, haz una lista de declaraciones que escuches de otras personas o leas o escuches en los medios. Párate delante de un espejo y lee la lista hasta que te sientas más cómodo escuchándote decir esas palabras. A continuación, escoge una de las declaraciones para decírsela a tu esposa. Cada vez que las afirmes, te será más fácil. No solo tu esposa se sentirá bien con tu cambio de comportamiento, sino que tú también te sentirás bien contigo mismo, porque sabes que expresas su lenguaje del amor con eficiencia.

7. ¿Algunos lenguajes del amor se encuentran más entre las mujeres y otros entre los hombres?

Nunca he hecho la investigación a fin de descubrir si ciertos lenguajes del amor tienen inclinación de género. Algunos datos permiten pensar que más hombres tienen el toque físico y las palabras de afirmación como sus lenguajes del amor y más mujeres tienen tiempo de calidad y regalos. Sin embargo, no sé si eso es preciso desde el punto de vista estadístico.

Prefiero lidiar con los lenguajes del amor como de género neutro. Sé que cualquiera de los cinco lenguajes del amor puede ser el primario de una mujer. Lo importante en el matrimonio es que descubras el lenguaje del amor primario y secundario de tu cónyuge y que los hables con regularidad. Si lo haces, crearás un clima emocional saludable para la madurez conyugal.

8. ¿Cómo usted descubrió los cinco lenguajes del amor?

Durante años, ayudaba a las parejas en la oficina de consejería a descubrir lo que deseaba su cónyuge para sentirse amado. Con el tiempo, empecé a ver patrones en sus respuestas. Descubrí que lo que hace a una persona sentirse amada no necesariamente hace que otra persona se sienta amada. Leí las notas que había hecho y me hice esta pregunta: «Cuando alguien se sentaba en mi oficina y me decía: "Siento que mi cónyuge no me ama", ¿qué deseaba esa persona?». Las respuestas caían en cinco categorías. Más adelante las llamé los cinco lenguajes del amor.

Comencé a hablar de estos lenguajes en talleres y grupos de estudio. Cuando lo hacía, veía que se encendían las luces para las parejas que de pronto se daban cuenta del porqué se habían perdido el uno al otro de manera emocional. Cuando descubrían y hablaban entre sí el lenguaje primario del amor, el clima emocional de su matrimonio cambiaba de forma radical.

Entonces decidí escribir un libro en el que hablaría del concepto, esperando influir en otras parejas que nunca habían tenido la oportunidad de conocerme en persona. Ahora que del libro se han vendido más de nueve millones de ejemplares en inglés y que se ha traducido en cincuenta idiomas alrededor del mundo, mis esfuerzos han sido más que recompensados.

9. ¿Los lenguajes del amor dan resultado en otras culturas?

Dado que mi formación académica es la antropología, esta fue mi pregunta cuando una editorial en español vino primero y me pidió permiso para traducir y publicar el libro en español. En un inicio, dije: «No sé si este concepto dé resultado en español. Lo descubrí en el ámbito anglosajón».

El editor dijo: «Leímos el libro y da resultados en español». Después llegó la edición en francés, la alemana, la holandesa, y muchas más. En casi cada cultura, el libro se ha convertido en un éxito de librería de la editorial. Eso me lleva a creer que estas cinco maneras fundamentales para expresar amor son universales.

Sin embargo, los *dialectos* en los que se hablan estos lenguajes diferirán de cultura a cultura. Por ejemplo, la clase de toques que son apropiados en una cultura quizá no sea la apropiada en otra cultura. Los actos de servicio que se hablan en una cultura tal vez no se hablen en otra. No obstante, cuando se hacen esas adaptaciones culturales, el concepto de los cinco lenguajes del amor tendrá un profundo impacto en las parejas de esa cultura.

10. ¿Por qué cree que *Los 5 lenguajes del amor* han tenido tanto éxito?

Creo que nuestra más profunda necesidad emocional es la de sentirnos amados. Si estamos casados, la persona que más nos gustaría que nos ame es nuestro cónyuge. Si nos sentimos amados por nuestro cónyuge, el mundo entero es brillante y la vida es maravillosa. Por otra parte, si nos sentimos rechazados o tenidos a menos, el mundo se empieza a ver oscuro.

Casi todas las parejas se casan cuando todavía tienen los sentimientos eufóricos del enamoramiento. Cuando algún tiempo después de la boda desaparecen los sentimientos eufóricos y empiezan a surgir las diferencias en las parejas, a menudo se encuentran en conflicto. Sin un plan positivo para resolver conflictos, recurren a hablarse con dureza el uno al otro. Las palabras duras crean sentimientos de dolor, desilusión y enojo. No solo el esposo y la esposa sienten que no se aman, sino que también comienzan a resentirse entre sí.

Cuando las parejas leen *Los 5 lenguajes del amor*, descubren por qué perdieron los sentimientos del amor romántico del noviazgo y cómo el amor emocional puede reavivarse en su relación. Una vez que comienzan a hablar el lenguaje primario del amor del otro, se sorprenden al ver la manera tan rápida en que se vuelven positivas sus emociones. Con un tanque del amor lleno, pueden procesar sus conflictos de una forma mucho más positiva y encontrar soluciones factibles.

El renacimiento del amor emocional crea un clima emocional positivo entre los dos y aprenden a trabajar juntos como equipo, donde se alientan, apoyan y ayudan el uno al otro a fin de alcanzar metas significativas.

Una vez que sucede esto, quieren darles el mensaje de los cinco lenguajes del amor a todos sus amigos. Creo que el éxito de *Los 5 lenguajes del amor* puede atribuírseles a las parejas que lo han leído, que han aprendido a hablar el lenguaje del otro y que se lo han recomendado a sus amigos.

11. ¿Qué tal si hablo el lenguaje del amor de mi cónyuge y no responde?

«Mi esposa no leería el libro, así que decidí hablar su lenguaje del amor y ver qué pasaba. Nada pasó. Ella ni siquiera sabía que estaba haciendo algo diferente. ¿Cuánto tiempo se supone que voy a seguir hablando su lenguaje del amor cuando no hay respuesta?».

Sé que puede llegar a ser desalentador cuando sientes que inviertes en el matrimonio y no recibes nada a cambio. Existen dos posibilidades del porqué no responde tu esposa. La primera, y más probable, es que estás hablando el lenguaje del amor equivocado.

Muchos esposos dan por sentado que el lenguaje del amor de su esposa es actos de servicio. Así que comienzan a trabajar en diferentes proyectos por toda la casa. Revisan los aspectos en la lista de tareas domésticas a un ritmo vertiginoso. Son sinceros al tratar de hablar el lenguaje del amor de su esposa. Cuando ella ni siquiera reconoce los esfuerzos, su esposo puede desalentarse.

En realidad, quizá el lenguaje del amor de ella sea el de palabras de afirmación. Debido a que su esposo no siente que venga amor alguno de su parte, tal vez la critique de palabras. Sus críticas son como puñales al corazón de su esposa, así que se distancia de él. Ella sufre en silencio mientras él se frustra porque sus esfuerzos por mejorar el matrimonio no tienen éxito. El problema no es la sinceridad de él; el problema es que en realidad habla el lenguaje equivocado.

Por otro lado, suponiendo que estés hablando el lenguaje primario del amor de tu esposa, hay otra razón del porqué quizá no responda de manera positiva. Si ella ya está involucrada en otra relación romántica, ya sea emocional o sexual, a menudo razonará que tus esfuerzos han llegado demasiado tarde. Quizá hasta perciba que tus esfuerzos son temporales y poco sinceros, y que solo tratas de manipularla a fin de que se quede en el matrimonio. Incluso si tu esposa no está involucrada con otra persona, si tu relación ha sido hostil por mucho tiempo, quizá todavía perciba que tus esfuerzos son de manipulación.

En esta situación, la tentación es a darnos por vencidos, a dejar de hablar su lenguaje del amor porque no marca ninguna diferencia. La peor cosa que puedes hacer es sucumbir a esta tentación. Si te rindes, confirmarás su conclusión de que tus esfuerzos se diseñaron para manipularla.

El mejor método que puedes tener es seguir hablando su lenguaje del amor con regularidad, sin importar cómo te trate. Establécete una meta de seis meses, nueve meses o un año. Tu actitud debe ser: *Cualquiera que sea su respuesta, voy a amarla en su lenguaje del amor por mucho tiempo. Si se aleja de mí, lo hará de alguien que la está amando de manera incondicional.* Esta actitud te mantendrá en un camino positivo, aun cuando sientas desaliento.

No hay nada más poderoso que puedas hacer que amar a tu esposa aunque no responda de manera positiva. Sea cual sea la respuesta final de tu esposa, tendrás la satisfacción de saber que has hecho todo lo que podías para restaurar tu matrimonio. Si al final tu esposa decide corresponder a tu amor, te habrás demostrado el poder del amor incondicional. Además, cosecharás los beneficios del renacimiento del amor mutuo.

12. ¿Puede renacer el amor después de la infidelidad sexual?

Nada devasta más la intimidad conyugal que la infidelidad sexual. El toque sexual es una experiencia de vínculo emocional. Une a dos personas de la manera más profunda posible. Casi todas las culturas tienen una ceremonia de boda pública y una consumación privada del matrimonio en la relación sexual. El acto sexual está diseñado para ser la expresión única de nuestro compromiso mutuo para toda la vida. Cuando se rompe este compromiso, es devastador para el matrimonio.

Sin embargo, esto no significa que el matrimonio esté destinado al divorcio. Si el infractor está dispuesto a romper por completo la conexión extramatrimonial y realiza el arduo trabajo de reconstruir el matrimonio, puede haber una genuina restauración.

En mi propia vivencia como consejero, he visto cientos de parejas que han experimentado sanidad después de la infidelidad.

Esto no solo involucra el rompimiento del amorío adúltero, sino el descubrimiento de lo que condujo a la aventura amorosa desde el comienzo.

El éxito en la restauración está en un enfoque doble. Primero, el infractor debe estar dispuesto a explorar sus propias creencias, su personalidad y su estilo de vida que le condujeron al amorío. Debe estar dispuesto a cambiar de actitudes y patrones de conducta. Segundo, la pareja debe estar dispuesta a darle una sincera mirada a las dinámicas de su matrimonio y ser receptivos para sustituir los patrones destructivos con los positivos de integridad y sinceridad. Por lo general, ambas cosas requieren la ayuda de un consejero profesional.

Las investigaciones indican que las parejas que tienen más probabilidades de sobrevivir la infidelidad sexual son las que reciben tanto la consejería individual como la matrimonial. La comprensión de los cinco lenguajes del amor y la decisión de hablarse el lenguaje de cada uno puede ayudar a crear un clima emocional en el que el arduo trabajo de restauración del matrimonio puede ser exitoso.

13. ¿Qué hacer cuando tu esposa se niega a hablar tu lenguaje del amor a pesar de que lo conoce?

«Los dos leímos *Los 5 lenguajes del amor*, realizamos el perfil y analizamos nuestro lenguaje primario del amor el uno con el otro. Eso fue hace dos meses. Mi esposa sabe que mi lenguaje del amor es palabras de afirmación. Sin embargo, en dos meses, todavía no la he escuchado decir nada positivo. Su lenguaje del amor es actos de servicio. He comenzado a hacer varias cosas que me pidió que hiciera en la casa. Creo que aprecia lo que estoy haciendo, pero nunca me lo dice».

Permíteme comenzar diciendo que no podemos hacer que nuestro cónyuge hable nuestro lenguaje del amor. El amor es una decisión.

Podemos pedir amor, pero no podemos exigir amor. Una vez dicho esto, te sugiero algunas razones del porqué tu esposa quizá no hable tu lenguaje del amor.

A lo mejor creció en un hogar donde recibía pocas palabras positivas. Tal vez sus padres la criticaran mucho. Por lo tanto, no tiene un modelo positivo para hablar palabras de afirmación. Quizá tales palabras le resulten muy difíciles de expresar. Requerirá esfuerzo de su parte y paciencia de la tuya mientras ella aprende a hablar un lenguaje que le es extraño.

Una segunda razón por la que tal vez no hable tu lenguaje del amor es que teme que si te da palabras de afirmación debido a los pocos cambios que has hecho, te sentirás satisfecho de ti mismo y no continuarás haciendo los grandes cambios que espera. Esta es la idea errónea de que si recompenso la mediocridad, restringiré las aspiraciones de la persona para ser mejor. Ese es un mito común que sostienen los padres sobre la afirmación verbal a los hijos. Por supuesto, es falso. Si el lenguaje primario del amor de una persona es palabras de afirmación, esas palabras desafían a la persona hacia mayores niveles de logro.

Mi sugerencia es que inicies el juego del tanque del amor analizado en el capítulo 7. Tú le preguntas: «En una escala de cero a diez, ¿cuán lleno está tu tanque del amor?». Si te responde que menos de diez, le preguntas: «¿Qué puedo hacer para llenarlo?». Lo que sea que diga, haz lo mejor según tu habilidad. Si haces esto una vez a la semana durante un mes, es probable que comience a preguntarte cuán lleno está tu tanque. Y puedes empezar a hacerle peticiones. Esta es una manera divertida de enseñarle cómo hablar tu lenguaje del amor.

14. ¿Puede volver el amor emocional cuando se fue hace treinta años?

«No somos enemigos. No peleamos. Solo vivimos en la misma casa como compañeros de cuarto».

Déjame responder esta pregunta con una historia de la vida real. Una pareja vino a verme en uno de mis seminarios.

—Venimos a darle las gracias por traerle nueva vida a nuestro matrimonio —me dijo el esposo—. Tenemos treinta años de casados, pero los últimos veinte años han estado muy vacíos. Si quiere saber lo malo que ha sido nuestro matrimonio, no hemos tomado juntos vacaciones en veinte años. Solo vivíamos en la misma casa, tratando de ser civilizados y eso es todo.

»Hace un año, le conté mi lucha a un amigo. Se fue a su casa, regresó con su libro *Los 5 lenguajes del amor* y me dijo: "Lee esto. Te ayudará". La última cosa que quería hacer era leer otro libro, pero lo hice. Regresé a casa esa noche y leí todo el libro. Terminé a las tres de la mañana y, con cada capítulo, me daba cuenta de que, a través de los años, no habíamos podido hablar nuestros lenguajes del amor.

»Le di el libro a mi esposa y le pregunté si desearía leerlo y decirme lo que pensaba al respecto. Dos semanas más tarde, me dijo:

»—Leí el libro.

»—¿Qué piensas de eso? —le pregunté.

»—Creo que si hubiéramos leído este libro hace treinta años, nuestro matrimonio hubiera sido muy diferente.

»—Eso es lo mismo que pienso yo —le dije—. ¿Crees que cambiaría en algo si lo intentáramos ahora?

»—No tenemos nada que perder —me respondió.

»—¿Eso significa que estás dispuesta a intentarlo? —le pregunté.

»—Claro que sí. Lo intentaré —me dijo.

»Hablamos de nuestros lenguajes primarios del amor y acordamos que íbamos a tratar de hablar el lenguaje del otro por lo menos una vez a la semana y ver lo que sucedería. Si alguien me hubiera dicho que en dos meses yo tendría sentimientos de amor hacia ella otra vez, no le hubiera creído. Sin embargo, los experimenté.

Su esposa tomó la palabra y dijo:

—Si alguien me hubiera dicho que alguna vez tendría sentimientos de amor hacia él otra vez, le habría dicho: "De ninguna manera. Han sucedido muchas cosas".

Luego, ella dijo:

—Este año tomamos juntos nuestras primeras vacaciones en veinte años y tuvimos un tiempo maravilloso. Condujimos más de seiscientos kilómetros para venir a su seminario y disfrutamos de nuestra compañía mutua. Solo estoy triste porque perdimos muchos años viviendo en la misma casa cuando podíamos haber tenido una relación amorosa. Gracias por su libro.

—Gracias por contarme su historia —les dije—. Espero que logren que los próximos veinte años sean tan emocionantes que los últimos veinte solo sean un recuerdo lejano.

—Eso es lo que pensamos hacer —respondieron ambos al unísono.

¿Puede renacer el amor emocional en un matrimonio después de treinta años? Sí, siempre que ustedes dos estén dispuestos a tratar de hablarse el uno al otro el lenguaje del amor.

15. Soy soltero. ¿Cómo el concepto del lenguaje del amor se ajusta a mí?

A través de los años, muchos adultos solteros me han dicho: «Sé que escribió su libro original para parejas casadas. Sin embargo, lo leí y me ayudó en todas mis relaciones. ¿Por qué no escribe un libro de los cinco lenguajes del amor para solteros?». Y así lo hice. Se titula *Los 5 lenguajes del amor para solteros*. En el libro, procuro ayudar a los adultos solteros a aplicar el concepto de los cinco lenguajes del amor en todas sus relaciones. Comienzo ayudándoles a comprender el porqué se sintieron amados o no durante la niñez.

Un joven que estuvo encarcelado dijo: «Gracias por hablarnos de los cinco lenguajes del amor. Por primera vez en mi vida, al fin comprendí que mi madre me ama. Me doy cuenta que mi lenguaje del amor es el toque físico, pero mi madre nunca me abrazaba. Es más, el primer abrazo que recuerdo haber recibido alguna vez de mi madre fue el día que salí de la prisión. Aun así, me doy cuenta de que ella hablaba de manera muy enfática los actos de servicio. Trabajaba duro para pagar la comida y la ropa, y para proveernos un lugar para vivir. Hoy en día sé que me amaba; solo que no hablaba mi lenguaje. Por eso ahora comprendo que me amaba de verdad».

Además, ayudo a los solteros a que apliquen el concepto de los cinco lenguajes del amor en sus relaciones entre hermanos, en el trabajo y en el noviazgo. La respuesta de los adultos solteros me ha alentado mucho. Espero que si tú eres soltero, descubras lo que han descubierto otros. La expresión del amor en el lenguaje primario del amor de una persona mejora todas las relaciones.

16. ¿Cómo hablo yo el lenguaje del amor de mi cónyuge si ha estado lejos de mí durante un tiempo (por ejemplo, despliegue militar, trabajo, escuela)?

Me preguntan con frecuencia cómo se pueden aplicar los cinco lenguajes del amor a las relaciones a distancia. El toque físico y los tiempos de calidad constituyen un reto especial en esos casos. La respuesta sencilla es esta: deben ser creativos y comprometerse a mantenerse conectados a pesar de la distancia.

Si tu lenguaje del amor es el toque físico, he aquí algunas ideas creativas para hablar el uno al otro el lenguaje del amor. En primer lugar, teniendo fotografías de ustedes como pareja pueden recordarte los tiempos que disfrutaron juntos. También es posible que se recuerden el uno al otro al tener objetos físicos que le pertenezcan a la otra persona. Tal vez una camisa, la colonia o el perfume que usa esa otra persona que tanto significa en tu vida, te pueden recordar esa persona y los tiempos agradables que pasaron juntos. Además, se deben enviar correos electrónicos, mensajes de texto, cartas, etc., acerca de lo mucho que disfrutan cuando están juntos. Hasta podrían tratar de mantener un calendario donde marquen físicamente los días que faltan hasta que puedan encontrarse de nuevo. Esta lista de ideas no es completa, pero son actividades y artículos físicos que al menos ayudarán a satisfacer en parte su lenguaje del toque físico del amor.

Con respecto al tiempo de calidad, el tiempo que permanezcan en contacto, esforzándose por animarse mutuamente, enviándose el uno al otro notas y regalos, etc., es un tiempo de calidad. Por supuesto, no es la forma preferida del tiempo de calidad, pero lo es de todas maneras. Deben aprender a verlo y apreciarlo como tal.

Pueden expresar de maneras más específicas el tiempo de calidad cuando hablen con frecuencia acerca de su deseo de mantenerse cerca y mantener vivo su amor. Lean o vuelvan a leer juntos *Los 5 lenguajes del amor* (o *The 5 Love Languages Military Edition*) cuando estén separados, o escuchen los podcasts del Dr. Chapman, y coméntenlos juntos como una manera de alimentar su relación. Esto también exige dedicación, pero si de veras existe amor entre ustedes, hallarán la energía y el tiempo necesarios para mantenerse conectados.

Usen su situación como una oportunidad para practicar también los otros lenguajes. Las notas y los regalos se deben considerar como más que «simples» notas y regalos. Es necesario que los vean como esfuerzos físicos y palabras de afirmación destinadas a expresar amor.

Para terminar, sí, la distancia dificulta las relaciones, pero no tienen que ser el fin de la relación. Es obvio que mientras más tiempo puedan pasar juntos, mejor. Y se deben esforzar por lograrlo. No obstante, si ustedes son una pareja dedicada, y están dispuestos a ser creativos en su forma de hablar cada cual el lenguaje de amor del otro, su relación podrá sobrevivir y hasta florecer durante los tiempos de separación.

Los 5 Lenguajes del amor
Perfil de parejas... para él

El perfil de *Los 5 lenguajes del amor* les dará a ti y a tu esposa, o persona importante en tu vida, un análisis detallado de tus preferencias para tu comunicación emocional. Te señalará tu lenguaje primario del amor, su significado y la forma en que lo puedes usar para conectarte con tu ser amado con intimidad y satisfacción. Se incluyen dos perfiles, de manera que cada uno de ustedes pueda completar la evaluación.

Ahora verás treinta pares de declaraciones. Por favor, escoge la declaración que defina mejor lo que es más significativo para ti en tu relación como pareja. Es posible que ambas declaraciones parezcan o no parezcan coincidir con tu situación, pero te aconsejo que escojas la declaración que capte la esencia de lo que es más significativo para ti la mayor parte del tiempo. Termina el perfil en diez o quince minutos. Haz esto cuando estés relajado, y trata de no apresurarte al hacerlo. Después, suma los resultados y aprende a interpretar tu perfil en la página 190.

Es más significativo para mí cuando...

1
recibo una nota/un texto/un correo electrónico amoroso que me envía mi ser amado sin una razón especial.	A
ella y yo nos abrazamos.	E

2
puedo pasar el tiempo a solas con ella; solo nosotros dos.	B
ella hace algo práctico para ayudarme.	D

3
ella me hace un pequeño regalo como muestra de nuestro amor mutuo.	C
paso sin interrupciones mis tiempos libres con ella.	B

4
sin yo esperarlo, ella hace algo por mí, como llenar el tanque de mi auto o lavar la ropa.	D
ella y yo nos tocamos.	E

5
ella me rodea con su brazo cuando estamos en público.	E
ella me sorprende con un regalo.	C

6
estoy con ella, aunque en realidad no hagamos nada.	B
nos tomamos de las manos.	E

7
mi amada me da un regalo.	C
la escucho decirme: «Te amo».	A

8
me siento cerca de ella.	E
ella me elogia sin una razón aparente.	A

Es más significativo para mí cuando . . .

9
tengo la oportunidad de pasar un rato con ella.	B
ella me hace pequeños regalos sin que los espere.	C

10
la escucho decirme: «Me siento orgullosa de ti».	A
ella me ayuda en alguna tarea.	D

11
hago actividades junto con ella.	B
escucho que ella me dice palabras de afirmación.	A

12
ella hace cosas que me agradan, en lugar de solo hablar de hacerlas.	D
me siento conectado con ella a través de un abrazo.	E

13
la oigo elogiarme.	A
ella me da algo que me demuestra que estaba pensando de veras en mí.	C

14
puedo estar cerca de ella.	B
ella me frota la espalda o me da un masaje.	E

15
ella reacciona de manera positiva ante algo que he logrado.	A
ella hace por mí algo que sé que no es muy de su agrado.	D

16
ella y yo nos besamos con frecuencia.	E
siento que ella está mostrando interés en las cosas que son importantes para mí.	B

Es más significativo para mí cuando . . .

17
mi amada trabaja conmigo en proyectos especiales que tengo que terminar.	D
ella me hace un regalo que me emociona.	C

18
ella me elogia por mi apariencia.	A
ella se toma tiempo para escucharme y comprender de veras mis sentimientos.	B

19
tenemos toques físicos no sexuales en público.	E
ella se ofrece a hacerme diligencias.	D

20
ella hace un poco más de lo que casi siempre le corresponde en las responsabilidades que compartimos en la casa, relacionadas con el trabajo, etc.	D
me hizo un regalo que sé que lo pensó bien antes de escogerlo.	C

21
ella no revisa su teléfono mientras conversamos.	B
ella va más allá de su obligación para hacer algo que alivie mis presiones.	D

22
espero con agrado la llegada de un día festivo porque sé el regalo que voy a recibir.	C
la escucho decirme: «Te aprecio».	A

23
ella me trae un pequeño regalo cada vez que viaja sin mí.	C
ella se ocupa de algo de lo que soy responsable, pero me siento demasiado estresado para hacerlo en ese momento.	D

Es más significativo para mí cuando . . .

24
ella no me interrumpe cuando estoy hablando. B

los regalos son una parte importante de nuestra relación. C

25
ella me ayuda cuando sabe que ya estoy cansado. D

yo voy a algún lado mientras paso un tiempo con ella. B

26
ella y yo tenemos intimidad física. E

ella me da un pequeño regalo que escogió durante uno de sus días normales. C

27
ella me dice algo que me da aliento. A

paso tiempo con ella en una actividad o en un pasatiempo. B

28
ella me sorprende con pequeñas muestras de su gratitud. C

ella y yo nos tocamos mucho durante el transcurso de un día normal. E

29
ella me ayuda; en especial si sé que ya está ocupada en algo. D

la escucho decirme en específico: «Te aprecio». A

30
ella y yo nos abrazamos después de estar separados por un tiempo. E

la escucho decirme lo mucho que significo para ella. A

Los 5 Lenguajes del amor
Perfil de parejas... para ella

He aquí el segundo perfil. Como mencionamos antes, este te dara un análisis detallado de tus preferencias para tu comunicación emocional. Te señalará tu lenguaje primario del amor, su significado y la forma en que lo puedes usar para conectarte con tu ser amado con intimidad y satisfacción. Se incluyen dos perfiles, de manera que cada uno de ustedes pueda completar la evaluación.

Ahora verás treinta pares de declaraciones. Por favor, escoge la declaración que defina mejor lo que es más significativo para ti en tu relación como pareja. Es posible que ambas declaraciones parezcan o no parezcan coincidir con tu situación, pero te aconsejo que escojas la declaración que capte la esencia de lo que es más significativo para ti la mayor parte del tiempo. Termina el perfil en diez o quince minutos. Haz esto cuando estés relajada, y trata de no apresurarte al hacerlo. Después, suma los resultados y aprende a interpretar tu perfil en la página 190.

Es más significativo para mí cuando...

1.
- recibo una nota/un texto/un correo electrónico amoroso que me envía mi ser amado sin una razón especial. — A
- él y yo nos abrazamos. — E

2.
- puedo pasar el tiempo a solas con él; solo nosotros dos. — B
- él hace algo práctico para ayudarme. — D

3.
- él me hace un pequeño regalo como muestra de nuestro amor mutuo. — C
- paso sin interrupciones mis tiempos libres con él. — B

4.
- sin yo esperarlo, él hace algo por mí, como llenar el tanque de mi auto o lavar la ropa. — D
- él y yo nos tocamos. — E

5.
- él me rodea con su brazo cuando estamos en público. — E
- él me sorprende con un regalo. — C

6.
- estoy con él, aunque en realidad no hagamos nada. — B
- nos tomamos de las manos. — E

7.
- mi amada me da un regalo. — C
- lo escucho decirme: «Te amo». — A

8.
- me siento cerca de él. — E
- él me elogia sin una razón aparente. — A

Es más significativo para mí cuando . . .

9
| tengo la oportunidad de pasar un rato con él. | B |
| él me hace pequeños regalos sin que los espere. | C |

10
| lo escucho decirme: «Me siento orgulloso de ti». | A |
| él me ayuda en alguna tarea. | D |

11
| hago actividades junto con él. | B |
| escucho que él me dice palabras de afirmación. | A |

12
| él hace cosas que me agradan, en lugar de solo hablar de hacerlas. | D |
| me siento conectada con él a través de un abrazo. | E |

13
| lo oigo elogiarme. | A |
| él me da algo que me demuestra que estaba pensando de veras en mí. | C |

14
| puedo estar cerca de él. | B |
| él me frota la espalda o me da un masaje. | E |

15
| él reacciona de manera positiva ante algo que he logrado. | A |
| él hace por mí algo que sé que no es muy de su agrado. | D |

16
| él y yo nos besamos con frecuencia. | E |
| siento que él está mostrando interés en las cosas que son importantes para mí. | B |

Es más significativo para mí cuando . . .

17
mi amado trabaja conmigo en proyectos especiales que tengo que terminar.	D
él me hace un regalo que me emociona.	C

18
él me elogia por mi apariencia.	A
él se toma tiempo para escucharme y comprender de veras mis sentimientos.	B

19
tenemos toques físicos no sexuales en público.	E
él se ofrece a hacerme diligencias.	D

20
él hace un poco más de lo que casi siempre le corresponde en las responsabilidades que compartimos en la casa, relacionadas con el trabajo, etc.	D
me hizo un regalo que sé que lo pensó bien antes de escogerlo.	C

21
él no revisa su teléfono mientras conversamos.	B
él va más allá de su obligación para hacer algo que alivie mis presiones.	D

22
espero con agrado la llegada de un día festivo porque sé el regalo que voy a recibir.	C
lo escucho decirme: «Te aprecio».	A

23
él me trae un pequeño regalo cada vez que viaja sin mí.	C
él se ocupa de algo de lo que soy responsable, pero me siento demasiado estresada para hacerlo en ese momento.	D

Es más significativo para mí cuando...

24
él no me interrumpe cuando estoy hablando.	B
los regalos son una parte importante de nuestra relación.	C

25
él me ayuda cuando sabe que ya estoy cansada.	D
yo voy a algún lado mientras paso un tiempo con él.	B

26
él y yo tenemos intimidad física.	E
él me da un pequeño regalo que escogió durante uno de sus días normales.	C

27
él me dice algo que me da aliento.	A
paso tiempo con él en una actividad o en un pasatiempo.	B

28
él me sorprende con pequeñas muestras de su gratitud.	C
él y yo nos tocamos mucho durante el transcurso de un día normal.	E

29
él me ayuda; en especial si sé que ya está ocupado en algo.	D
lo escucho decirme en específico: «Te aprecio».	A

30
él y yo nos abrazamos después de estar separados por un tiempo.	E
lo escucho decirme lo mucho que significo para él.	A

Mira ahora las letras que rodeaste con un círculo y anota debajo el número de respuestas para cada una.

A: _____ B: _____ C: _____ D: _____ E: _____

A = Palabras de afirmación **B** = Tiempo de calidad **C** = Regalos
D = Actos de servicio **E** = Toque físico

INTERPRETACIÓN DE TUS PUNTUACIONES EN EL PERFIL

La puntuación más elevada indica cuál es tu lenguaje primario del amor (la puntuación más alta es 12). No es raro tener dos puntuaciones elevadas, aunque un lenguaje tenga una pequeña ventaja para la mayoría de las personas. Eso solo significa que hay dos lenguajes que son importantes para ti.

Las puntuaciones más bajas indican que esos lenguajes son los que usas raras veces para comunicar amor y que es probable que no te afecten demasiado en un nivel emocional.

ALGO IMPORTANTE PARA RECORDAR

Tal vez sacaras una puntuación mayor en ciertos lenguajes del amor que en otros, pero no descartes esos otros lenguajes como si fueran insignificantes. Tu esposo podría expresar su amor en alguna de esas maneras y te sería útil comprender esto con respecto a él.

De igual manera, será de beneficio para tu esposa, o para esa persona que tiene un gran significado en tu vida, saber cuál es *tu* lenguaje primario del amor, de manera que te pueda expresar su afecto de unas maneras que interpretes como amor. Siempre que tú o ella hablen cada uno el lenguaje del otro, se anotan puntos emocionales entre sí. Por supuesto, ¡aquí no se trata de un juego con una tarjeta para ir anotando la puntuación! Lo que resultará del hecho de que cada uno hable el lenguaje del otro en el amor será un sentido mayor de conexión. Esto significa una mejor comunicación, una mayor comprensión y, en última instancia, una mejora en su vida romántica.

Si tu cónyuge o la persona que tanto significa en tu vida no lo ha hecho todavía, anímala a hacer por la internet su perfil sobre *Los 5 lenguajes del amor* que pusimos en este libro (5lovelanguages.com/profile, o bien en el app *The 5 Love Languages*® para iOS o Android). ¡Hablen después sobre sus respectivos lenguajes del amor, y usen esta comprensión para mejorar su relación!

Reconocimientos

Me siento profundamente agradecido por los hombres que me abrieron su corazón a lo largo de los años. Algunos se sentaron en mi oficina, y otros los conocí mientras dirigía seminarios matrimoniales en algún lugar del país. Son hombres sinceros que quieren tener éxito en su matrimonio, pero admiten que no saben cómo lograrlo. Para mí ha sido un placer participar en su caminar hacia un matrimonio en crecimiento.

En cuanto a esta edición revisada, agradezco en gran medida la ayuda de Randy Southern y Chris Hudson. Además, como siempre, quiero expresar mi gran gratitud al equipo de Northfield Publishing: John Hinkley, Betsey Newenhuyse y Zack Williamson.